百馆百宝

BAI GUAN BAI BAO

带你走进博物馆 SERIES

《带你走进博物馆》丛书编辑委员会

主　任：单霁翔
副主任：张　柏　董保华　童明康　张全国
　　　　苏士澍　葛承雍　毛佩琦
委　员：王　军　尹建民　叶　春　刘曙光
　　　　张自成　李克能　张昌倬　宋新潮
　　　　李耀申　周　明　侯菊坤　顾玉才
　　　　袁南征　彭常新　谭　平
　　　　（按姓氏笔画排列）

主　编：毛佩琦
副主编：宋新潮

本册主编
毛佩琦　齐吉祥

文物出版社

赠 言

  未成年人将要承担中华民族伟大复兴的重任。关心未成年人的健康成长，关心他们的思想道德的建设是我们每个人的责任，各类博物馆不仅是展示我国和世界优秀历史文化的场所，也是未成年人学习知识、培养情操的第二课堂。

  让这套丛书带你走进博物馆，让博物馆伴随你成长。

国家文物局局长 单霁翔

2004 年 12 月 9 日

目 录

中国国家博物馆 14

    大盂鼎 14

    宣布中国加入世界贸易组织（WTO）时使用的木槌 15

故宫博物院 16

    大禹治水玉雕 17

鲁迅博物馆 18

    鲁迅《自嘲》诗条幅 18

中国地质博物馆 20

    水晶王 21

中国人民抗日战争纪念馆 22

    肖克关于冀热察工作给中央的报告手稿及中央的回电抄件 23

中国科学技术馆 24

    三叶扭结 25

中国人民革命军事博物馆 26

    红军最高权利机关的象征——中央革命军事委员会印章 27

中国航空博物馆 28

毛主席座机——伊尔-14运输机 29
北京自然博物馆 30
　　　南雄恐龙蛋 31
定陵博物馆 32
　　　百子衣 33
北京大学赛克勒考古与艺术博物馆 34
　　　白釉印花青花大瓶 35
周口店北京人遗址博物馆 36
　　　山顶洞遗址 37
中国钱币博物馆 38
　　　承安宝货 39
中国紫檀博物馆 40
　　　紫檀木雕《清明上河图》座屏 40
中国邮票博物馆 42
　　　红印花小字"当壹圆"邮票 43
天津博物馆 44
　　　稀世之珍 禁中之宝——西周夔纹铜禁 45
平津战役纪念馆 46
　　　在《关于和平解决北平问题的协议》上签字时使用的

派克笔	47
周恩来邓颖超纪念馆	48
一个骨灰盒	49
河北省博物馆	50
长信宫灯	51
西柏坡纪念馆	52
朱德同志的金属桌椅	53
避暑山庄博物馆	54
清代紫檀木浮雕耕图屏风	55
山西省博物院	56
龙纹觥	56
山西云冈石窟研究所	58
石窟	58
八路军太行纪念馆	60
八路军用过的长征行军锅	61
内蒙古博物馆	62
鹰形金冠饰	63
内蒙古包头博物馆	64
宗喀巴像唐卡	65
辽宁省博物馆	66
虢国夫人游春图	67

沈阳故宫博物院	68
清太宗皇太极御制鹿角椅	69
辽沈战役纪念馆	70
珍贵的棉背心	71
旅顺博物馆	72
孙温绘全本《红楼梦》图册	72
抗美援朝纪念馆	74
抗美援朝时期被击穿的铁轨	74
伪满皇宫博物院	76
一张珍贵的白熊皮	76
集安市博物馆	78
东亚巨碑——好太王碑	79
黑龙江省博物馆	80
铜坐龙	81
上海博物馆	82
大克鼎	82
上海市历史博物馆	84
百子大礼轿	84
中共"一大"会址纪念馆	86
党的创建史上一本珍贵的教材	87
南京博物院	88

金兽、铜壶 88
南京市博物馆 90
　　"萧何月下追韩信"青花梅瓶 91
南京市民俗博物馆 92
　　"二十四孝"隔扇门 93
南京天文历史博物馆 94
　　浑仪 94
徐州博物馆 96
　　金缕玉衣 96
浙江省博物馆 98
　　富春山居图卷 99
中国丝绸博物馆 100
　　唐代花鸟纹刺绣夹缬罗 101
河姆渡遗址博物馆 102
　　陶盉 103
宁波市天一阁博物馆 104
　　《集韵》 105
安徽省博物馆 106
　　两千年前的免税凭证 107
新四军军部旧址纪念馆 108
　　叶挺在抗战时使用的望远镜 109

福建博物院 110
　　李纲锏 110
福州市博物馆 112
　　魏汝奋寿山牛角冻罗汉坐像 112
泉州海外交通史博物馆 114
　　宋代海船 115
厦门市郑成功纪念馆 116
　　陈永华水晶印 116
江西省博物馆 118
　　青花釉里红楼阁式谷仓 119
南昌八一起义纪念馆 120
　　南昌起义时慰劳起义军的捐款收条与回信 120
南通博物苑 122
　　奇珍国宝皮囊壶 122
井冈山革命博物馆 124
　　朱德的扁担 125
山东省博物馆 126
　　戗金云龙纹漆箱 127
济南市博物馆 128
　　彩绘乐舞杂技陶俑 129
青岛市博物馆 130

| 北朝石造像 131
潍坊市博物馆 132
| 郑燮《峭壁兰轴》 133
中国甲午战争博物馆 134
| "济远"舰克虏伯前双主炮 135
河南博物院 136
| 莲鹤方壶 136
洛阳博物馆 138
| 至纯至美的白玉杯 139
南阳汉画馆 140
| 许阿瞿汉画像石 140
湖北省博物馆 142
| 曾侯乙编钟 143
武汉博物馆 144
| 青瓷坞堡 145
辛亥革命博物馆 146
| 五国领事中立布告 146
荆州博物馆 148
| 战国丝绸 148
湖南省博物馆 150
| T形帛画 151

韶山毛泽东同志纪念馆 152
 龙钮大印 152
广东省博物馆 154
 宋代陈容的《云龙图》 155
广州博物馆 156
 东汉陶船模 156
广东民间工艺博物馆 158
 石湾陶塑公仔"贵妃醉酒" 159
西汉南越王博物馆 160
 透雕龙凤纹重环玉佩 161
孙中山故居纪念馆 162
 孙中山题赠翠亨学校之"后来居上"横幅 163
鸦片战争博物馆 164
 销烟池 164
广西壮族自治区博物馆 166
 云雷纹大铜鼓 167
海南省民族博物馆 168
 崖州龙被 169
重庆中国三峡博物馆 170
 乌扬阙 171
重庆大足石刻艺术博物馆 172

北山石窟	173
四川省博物馆	174
兽面象首纹铜罍	175
四川广汉三星堆博物馆	176
青铜大立人像	177
自贡恐龙博物馆	178
太白华阳龙	179
贵州省博物馆	180
鹭鸟纹彩色蜡染褶裙	181
遵义会议纪念馆	182
遵义会议会议室挂钟	183
云南省博物馆	184
牛虎铜案	185
西藏博物馆	186
金本巴瓶	187
陕西历史博物馆	188
牛首玛瑙杯	189
西安半坡博物馆	190
尖底瓶	191
西安碑林博物馆	192
唐《开成石经》	193

延安革命纪念馆	194
"实事求是"题词石刻	195
甘肃省博物馆	196
雷台珍宝——铜奔马	197
敦煌研究院	198
涅槃礼赞——敦煌莫高窟第158窟涅槃像	198
青海省博物馆	200
舞蹈纹彩陶盆	201
宁夏回族自治区博物馆	202
鎏金铜牛	203
宁夏固原博物馆	204
鎏金银瓶	205
新疆维吾尔自治区博物馆	206
彩绘天王踏鬼木俑	206
香港文化博物馆	208
粉红地织锦帔风	208
澳门博物馆	210
粉彩描金"帕里斯的裁决"纹盘	211
中国古代生活博物馆	212
唐彩绘天王神像	213

中国国家博物馆

中国国家博物馆在原中国历史博物馆和中国革命博物馆的基础上建成，于2003年2月28日正式挂牌成立，是一座以历史与艺术为主，系统展示中华民族悠久历史文化的综合性博物馆。

目前馆藏文物资料达到62万件。中国国家博物馆以保护文明、展示文明、传播文明为己任，集文物征集、考古、收藏、研究、展示于一身，系统收藏反映中国古代、近现代、当代历史的珍贵文物，并通过举办常设基本陈列和多种专题陈列，向国内外公众全面地展示与宣传中华民族的伟大历史进程与辉煌文化，介绍世界文明与优秀文化。

2003年底，中国国家博物馆开始和国际知名博物馆合作，引进世界范围内具有深远影响的"人类文明系列展览"。目前已成功举办了"走近金字塔——古埃及国宝展"、"扶桑之旅——日本文物精品展"、"古罗马文明展"、"古代希腊：人与神"展和"从古仪式到现代艺术之探究——刚果王国的艺术"展。中国国家博物馆也有众多展览在海外展出，如在日本举办"周恩来展览"、"中国历史博物馆名品展"，在香港、台湾举办"中国古代茶具展"、"龙文化特展"、"孙中山文物展"、"中国古代科技展"等。

目前，中国国家博物馆正在着手进行改扩建工程。改扩建后的中国国家博物馆将既保留原有的建筑风格，又融进新的现代建筑风格。改扩建后的中国国家博物馆，建筑面积将由现在的6.5万平方米增加到15万平方米，各项设施将进一步完善、配套和现代化，无论从文物藏品、展览规模、硬件设施还是人员组合上都将达到与其地位相应的规模和水平。

网址：

http://www.Nationalmuseum.cn

交通指南：

1、4、52、2、10、20、728、37、120、特1路天安门站，地铁天安门东站下车。

大盂鼎

大盂鼎，鼎高101.9厘米，重153.5公斤，清道光初年出土于陕西省岐山县礼村（一说眉县），是目前出土的形制最大的西周青铜器，距今已有3000年左右。

大盂鼎的口沿下饰有一周兽面纹，三足的上部各饰有一半浮雕的兽面，纹饰十分精美。鼎腹内壁有铭文19行291字，记载周康王册命贵族盂的史实。铭文记载了康王向盂叙述周文王、周武王的立国经验。认为文王、武王得以卓越的业绩立国，主要是由于其臣属从不酗酒，每逢祭祀，认真恭敬，而商王的亡国教训就在于沉迷于酒。由此告诫盂要效法祖先，忠心辅佐王室，并赐盂命服、车马、酒与邦司、人鬲等。盂在铭文中说明做此鼎也是为了祭祀其祖父南公。大盂鼎铭文是研究周代分封制和周王与臣属关系的重要史料，一向为史学家所重视。

大盂鼎又称为盂鼎，之所以冠以"大"是为了区别于小盂鼎。这两个鼎同出，但小盂鼎原器已失，仅存铭文拓本。

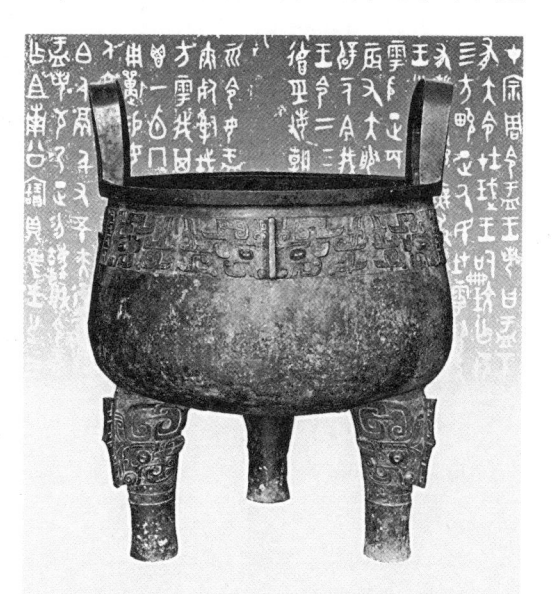

宣布中国加入世界贸易组织（WTO）时使用的木槌

在中国国家博物馆新千年的收藏中，最引人注目的藏品之一就是世界贸易组织第四次部长级多哈会议宣布中国加入世界贸易组织（WTO）时使用的木槌（以下简称入世槌）了。

木槌为木质，长32.2厘米，高10.5厘米，宽6.3厘米。

加入WTO对我国经贸发展和进一步改革开放有着重要意义。经过多年谈判，中国先后和美国、欧盟等国家和国家联盟达成加入WTO的协议。

2001年11月10日世界贸易组织第四次部长级会议在卡塔尔首都多哈的喜来登酒店举行，在没有任何反对意见的情况下，会议主席——卡塔尔财政、经济和贸易大臣卡迈勒手中木槌落下，一槌定音，随着一片掌声响起，会议通过了《关于中国加入世界贸易组织的决定（草案）》。30天后，中国正式成为WTO的成员。

百馆百宝

故宫博物院

故宫博物院是在明清两代皇家宫殿旧址的基础上，汇集百万珍藏而建立起来的大型综合性博物馆。故宫作为明清皇宫的历史有491年，那时的名称叫"紫禁城"。始建于公元1406年，建成于公元1420年。先后有明朝的14位皇帝和清朝的10位皇帝在紫禁城里居住并且发号施令。1911年辛亥革命推翻了统治中国2000多年的封建帝制，1925年10月10日，故宫博物院正式成立，至今已有80年历史。

故宫以其悠久而灿烂的历史，独特而宏伟的建筑，丰富而珍贵的收藏，雄踞世界著名的皇宫之林。1961年，国务院将故宫列为"全国重点文物保护单位"；1987年，联合国教科文组织又把故宫列入"世界文化遗产"名录。使这座封建时期最后的皇宫，成为享誉世界的历史、艺术博物馆和最著名的旅游胜地之一。

故宫陈列丰富多彩。前朝部分是封建时期皇帝举行国家典礼的重要场所，以雄伟壮丽的宫殿群，展现中国古代建筑的辉煌；后寝部分以帝后生活原状陈列为主，配合多种类别的专题展馆常年对观众开放。

地址：北京市东城区景山前街4号
邮编：100009
电话：语音服务：010-65132255
故宫广播室：010-85117245
故宫派出所：010-85117555、85117557
网址：http://www.dpm.org.cn
交通指南：
1. 由午门（南门）进入，可乘坐1路、4路等公共汽车或地铁到天安门站下车，穿过天安门、端门即到故宫午门。
2. 由神武门（北门）进入，可乘坐109、103、810、5路等公共汽车景山车站下车，可进入故宫神武门。

大禹治水玉雕

在留存至今的中国玉器珍品中，运路最长、耗时最久、器形最大、雕琢最精的玉雕，即是珍藏在故宫珍宝馆乐寿堂殿内的一座大型玉雕"大禹治水玉山子"，堪称故宫博物院镇馆之宝。

大禹治水的伟大功绩流传千古，成为历代文人墨客爱不释手的创作题材。清宫所藏的这尊"大禹治水玉山子"，是在乾隆皇帝亲自筹划下，以宋人所绘的同题材图画为蓝本，按照玉料的天然形态，经过艺术加工而成。这样一座巨型玉器，它的制作过程本身就是一段传奇。

这尊玉雕高224厘米，宽96厘米，重约5.4吨。原料采自我国古代盛产名玉的新疆和阗密勒塔山。在我国古代，运输这样巨大的玉石原料，实在是一项巨大而艰苦的工程。新疆到北京，其间8000里路遥，完全靠上万民工、成千的骡马，推拉拽运，进程缓慢，仅将石料运抵京城就用了3年多时间。之后，清宫造办处的画工视原料的形状，设计出大禹治水的题材，铸成蜡模，经皇帝御览后，运往扬州雕刻。从乾隆四十二年（1777年）始，直至乾隆五十二年（1787年），前后长达10年时间，大禹治水玉山子才告完工。乾隆皇帝专门谕旨造办处，在玉山子背面雕刻上他御笔亲题的《密勒塔山玉"大禹治水图"》的诗文，以记述他制作玉山子的本末和目的。

鲁迅博物馆

鲁迅博物馆是新中国最早建立的"人物传记性博物馆"。1949年10月19日鲁迅逝世纪念日，鲁迅故居对外接待各界观众参观。1956年鲁迅博物馆在鲁迅故居东侧落成开放。

鲁迅博物馆拥有3万余件馆藏珍品。其中包括鲁迅手稿、藏书、拓片等珍贵文物。对外开放部分由陈列厅和鲁迅故居两部分组成。

"鲁迅生平"陈列中的展品可以说是馆藏精品中的珍品，其中有新发现的鲁迅佚文手稿，也有与我们熟悉的作品密切相关的文物。如《阿Q正传》的唯一一篇残稿、鲁迅20多岁时所写《自题小像》手稿、鲁迅在仙台医专时的解剖学笔记等等，都是难得一见的珍品。

西三条鲁迅故居是1924年鲁迅亲自设计改建的。鲁迅在北京生活、工作的14年间，曾居住过四处地方，西三条鲁迅故居是保存最完好、唯一对外开放的鲁迅故居。这是一座普通的小四合院，青灰砖墙、朱红门窗，院内鲁迅亲手种植的白丁香，已经历了80多年的风风雨雨，仍枝繁叶茂。故居中展示的日常用品，都是鲁迅及其家人使用过的原物。

地址：北京市阜成门内宫门口二条19号
邮编：100034
电话：010-66156548 66156551
开馆时间：周二至周日（周一休息）
9：00~16：00
交通指南：102、103、13、121、814、850、962、628、743、709、714、409等路公共汽车及地铁，阜成门站下车。

鲁迅《自嘲》诗条幅

鲁迅的《自嘲》诗是大家非常熟悉的，其中的诗句"横眉冷对千夫指，俯首甘为孺子牛"更是妇孺皆知，成为鲁迅精神的写照。

这首诗是鲁迅创作于1932年10月12日并书赠柳亚子的。对此，鲁迅在该日的日记中专有记述。该诗正文为"运交华盖欲何求，未敢翻身已碰头。旧帽遮颜过闹市，破船载酒泛中流。横眉冷对千夫指，俯首甘为孺子牛。躲进小楼成一统，管他冬夏与春秋。"鲁迅又做题跋"达夫赏饭，闲人打油，偷得半联，凑成一律以请亚子先生教正。"落款为"鲁迅"，并盖有朱红色的"鲁迅"印章。诗幅长133.5厘米，宽33厘米，质地为白色宣纸。

鲁迅所言"达夫赏饭"指的是郁达夫之兄郁华自北平调任江苏省高等法院上海刑庭庭长，郁达夫设宴款待，并请鲁迅、柳亚子等人作陪之事。"闲人打油"意指鲁迅因"赏饭"而做打油诗一事。"偷得半联"指诗中"俯首甘为孺子牛"句，该句取自洪亮吉《北江诗话》第一卷中的"饭饱甘为孺子牛"。

柳亚子更是将这件条幅视为珍品。他用淡黄色的绫纸将诗幅精心托裱，"悬诸座右"用以自勉。1936年后，柳亚子虽辗转多地，却始终将诗幅完好地保存着。

这件载有两位历史文化名人不同历史时期手记的文物，使人们可以从中强烈地感受到不同历史时期人物的各自的精神风貌，是了解鲁迅、柳亚子，了解现代中国的一件极为重要的历史文物。

撰稿：赵丽霞

中国地质博物馆

中国地质博物馆是世界上久负盛名的地学博物馆，也是中国人自己创办最早的公立自然科学博物馆，长期致力于普及地球科学知识和宣传国土资源国情，是首批全国科普教育基地和全国青少年科技教育基地。

中国地质博物馆以历史悠久、典藏量大、珍品率高、科研成果丰硕称雄于亚洲同类博物馆。馆藏标本20万件，具有较高科研和陈列价值，一批关于原始鸟类的科研成果在世界古生物界引起轰动。

经过改造升级的地球厅、矿物岩石厅、宝石厅、史前生物厅、国土资源厅和两个临时展厅，不仅展出的标本丰富精美，还针对青少年的特点，采用了大量的虚拟现实技术、多媒体信息技术等互动手段，寓教于乐，使观众可以通过亲身参与、亲手操作，轻松步入精彩纷呈的地球科学殿堂。

地址：北京市西城区西四
邮编：100034
电话：010-66557858
网址：http://www.gmc.org.cn
开放时间：9：00～16：30
门票价格：成人30元/人，学生、军人、老年人半价（15元/人），残疾人、离休人员、学龄前儿童（需家长带领）免费参观
交通指南：22、38、47、68、101、102、103、105、109、124、409、603、709、726、806、808、812、814、823、826、846、850路公共汽车西四站下车。

水晶王

在中国地质博物馆的门前，摆放着一块巨大的水晶晶体，前来参观的人们都争相与它合影留念，这就是蜚声海内外的"水晶王"。

1958年，在江苏省东海县的房山乡柘塘村，农民们在砂矿中挖出了一块体积巨大的水晶晶体，重达3.5吨，是当时世界上最大的水晶单晶晶体，被誉为"水晶王"。

水晶的英文名称为Rock-crystal，是根据希腊文Krystallos演变而来的，其含义为"洁白的冰"，形象地刻画了水晶清亮、透彻的外观。实际上，水晶是一种透明度高、晶形完好的石英晶体，化学成分为二氧化硅，是一种重要的宝石级矿物，多用于制作首饰和工艺品，也可用于制作光学仪器或玻璃等。中国地质博物馆的这块"水晶王"堪称世界第一，因为在它之前，从没有发现过如此巨大的水晶单晶晶体，而且它的纯净度好，透明度高。从1958年至今，"水晶王"一直是中国地质博物馆的镇馆之宝。

中国人民抗日战争纪念馆

中国人民抗日战争纪念馆是我国唯一的一座全面反映中华民族抗日战争历史的大型专题纪念馆，是广大人民群众和青少年学习抗日历史，凭吊革命先烈，增强爱国主义情感的重要基地。

基本陈列深刻揭露了日本军国主义发动的侵华战争，使中华民族蒙受了巨大损失和深重灾难的滔天罪行；突出表现了中国共产党在抗日战争进程中，积极倡导和维护抗日民族统一战线，坚持全面抗战路线和人民战争的策略，为抗日战争的最后胜利作出了重大贡献和起到中流砥柱作用；并且充分展现了中国在抗击法西斯侵略的进程中发挥的重要作用。全国首创的反映卢沟桥事变的半景画馆位于主馆之中，它以画、景配以声、光、电等现代化手段构成立体形象效果，再现了日军在卢沟桥挑衅和中国军民奋起抗击的情景。

地址：北京市丰台区卢沟桥宛平城内大街101号。

邮编：100072

电话：010-83893163

网址：http://www.1937china.org.cn

交通指南：在六里桥乘309、339、964路公共汽车，在五棵松乘748、759、983路公共汽车在抗战雕塑园下车。开车进六里桥高速公路，6.5公里处出口往右。

肖克关于冀热察工作给中央的报告手稿及中央的回电抄件

1940年2月1日，冀热察挺进军司令员肖克关于冀热察工作起草了给中央的报告，是用毛笔写在8页宣纸上。

肖克同志在这个报告中，重点阐述了"巩固平西，坚持冀东，开展平北"三位一体的战略任务。中央完全肯定了肖克的意见，在2月10日的回电中指出：中央规定你们的战略任务是确保平西根据地，发展冀东游击战争，直至热河山海关，并准备将来再向辽宁前进，这同你们所提的三位一体的任务是一致的。

事实证明，肖克同志提出的"三位一体"的战略任务具有伟大的历史意义。牵制了数量庞大的敌伪军，威胁震撼着北平、天津、唐山、张家口、承德、山海关等伪蒙军政首脑与中枢，为建立连接东北的通道做了准备。

这组文物被国家近现代文物鉴定专家组定为一级文物。

撰稿：张英秋

摄影：吴娟

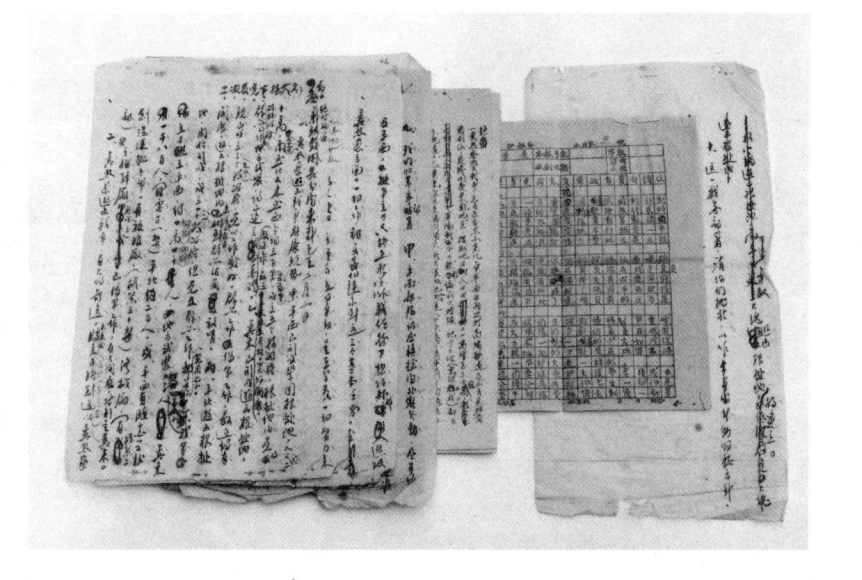

百馆百宝

中国科学技术馆

中国科学技术馆包括A馆（常设主展厅和科普报告厅）、B馆（穹幕影厅）和C馆（"儿童科学乐园"和短期专题展厅）三个场馆，其中A馆展示的内容主要包括航空航天、能源交通、材料机械、信息技术、生命科学、生物技术、环境科学以及基础科学等学科领域，同时也有反映中国古代科技文明之光的"中国古代科技展"；B馆穹幕影厅是全球最大的同类影厅之一，代表了当今世界最先进的电影技术，其超大的电影画面和逼真的音响效果，使观众仿佛置身于电影情景之中，在"参与"中体验着无与伦比的艺术享受；C馆"儿童科学乐园"是孩子们寓学于乐，在玩耍中探索、学习最基本的科技知识，激发想象力，开发脑潜能的科学启蒙场所。

中国科学技术馆

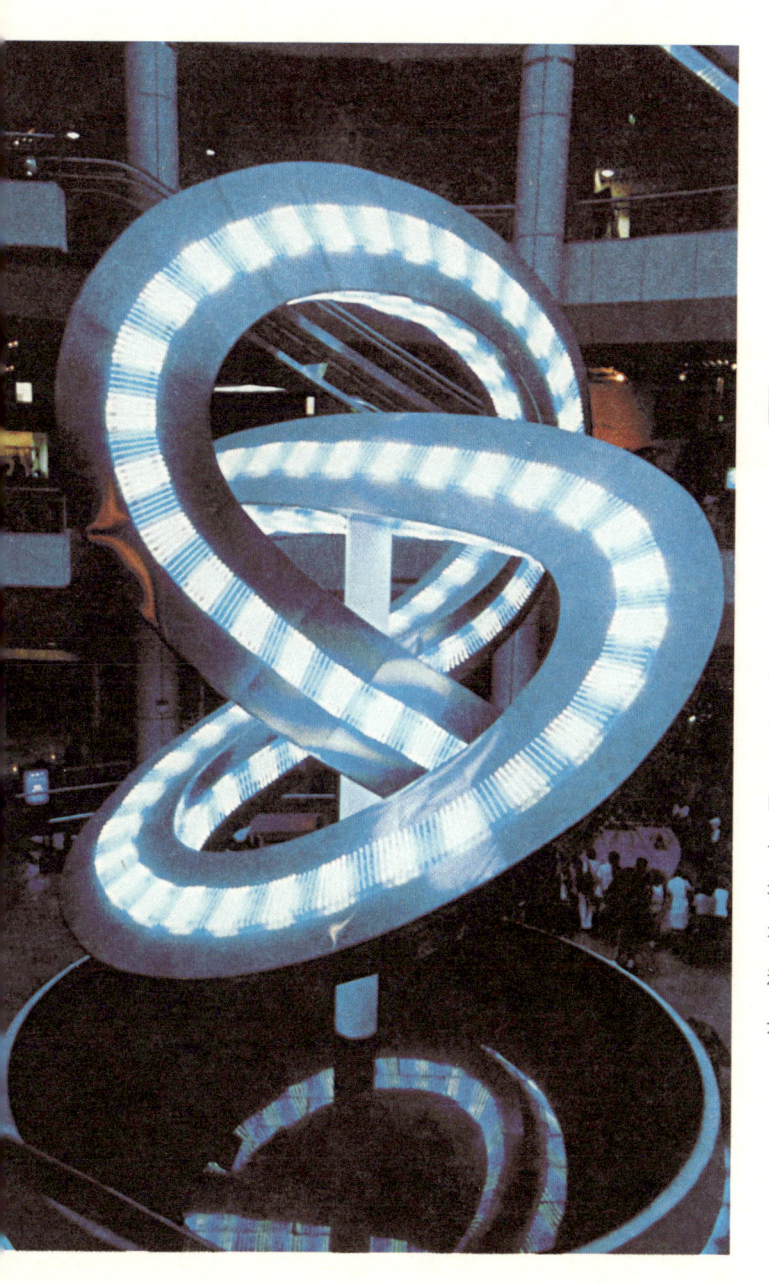

地址：北京市北三环中路1号
邮编：100029
电话：010-62371177
传真：010-62379378
网址：http://www.cstm.org.cn

三叶扭结

　　这件展品是三叶扭结，其整体宽度为10米，带宽1.65米，是由一条三棱柱带经过三次盘绕，将其中一端旋转120度后首尾相连，由此构成三面连通的单侧单面的三叶扭结（带）造型。由原来相互独立的三个面变为一个连通的闭合曲面。三叶扭结是拓扑学研究的课题之一，具有单侧曲面的特征。三叶扭结的广义象征义是：科学没有国界，各学科之间没有边界，科学是相互连通，科学与艺术是相互连通的。

撰稿：欧建成
摄影：王超珏

带你走进博物馆

百馆百宝

中国人民革命军事博物馆

中国人民革命军事博物馆位于北京复兴路，正门上方"中国人民革命军事博物馆"匾额由毛泽东主席亲笔题写，建筑巍峨庄严，气势雄伟。

军博是中国唯一的大型综合性军事历史博物馆。常设陈列主要展示中国人民解放军在中国共产党领导下，为中国人民的民族解放事业而英勇奋斗的历史和中国国防建设的新成就，以及中华民族五千年的军事历史文化，藏品丰富，形式多样，具有民族风格。

军博设有土地革命战争馆、抗日战争馆、解放战争馆、抗美援朝战争厅、兵器馆、古代战争馆、近代战争馆、礼品馆和程允贤雕塑艺术展九个展馆。此外，还经常举办有关国防、科技、文化、艺术等领域的专题展览。

地址：北京市海淀区复兴路9号
邮编：100038
电话：010-66866244
交通指南：地铁与1、特1、4、特5、特6、21、32、68、320、337、617、728、802、827路等公共汽车，军事博物馆站下车。

带你走进博物馆

红军最高权利机关的象征
——中央革命军事委员会印章

1931年11月7日，中华苏维埃第一次全国代表大会在江西瑞金召开，宣布中华苏维埃共和国临时中央政府成立。根据大会的决议及中央执行委员会的命令，11月25日，中华苏维埃共和国中央革命军事委员会正式成立，朱德、彭德怀等15人为委员，朱德为主席，王稼祥、彭德怀为副主席。中革军委既是党的又是中华苏维埃政权的军事领导机构，负责掌管革命根据地工农红军的组织、给养、教育和训练，指挥工农红军的作战行动，是全国红军最高指挥机关。

随着中革军委领导机构的诞生，象征其权力的"中华苏维埃共和国中央执行委员会人民委员会革命军事委员会"印章也随之产生并生效。该印为银质，直径9.5厘米，有三层图案。中心为地球上镶嵌着镰刀、锤子，寓意着世界是工人、农民的世界；中间一层，上方高悬着一颗五角星，下方为打着结的麦穗环绕，五星代表着中国共产党的领导；最外层的上半圆刻着直径为0.5厘米的小字"中华苏维埃共和国中央执行委员会"，字的两端各有一枚五角星，下半圆刻着直径为1厘米的"革命军事委员会"七个大字。整个图案标示着："中革军委是中国共产党领导下的中华苏维埃共和国中央政府机构的组成部分。"从此，该印便跟随着红军领导机关经历了反"围剿"战火的硝烟。1937年7月全面抗战爆发，历史掀开了新的一页。党的洛川会议成立了中共中央革命军事委员会，"中革军委"和它的印章完成了历史赋予的使命。

百馆百宝

中国航空博物馆

中国航空博物馆位于北京市昌平区大汤山脚下，北邻十三陵、八达岭长城，是科技类的博物馆。1989年11月11日正式对外开放。博物馆目前已收藏115个型号的295架飞机，还收藏有地空导弹、雷达、航空炸弹等2468件武器装备样品。中国航空博物馆是全国青少年爱国主义教育、科普教育和国防教育基地。

在这里你还可以看到一大批有重大历史意义的飞机：有开国大典时接受检阅的飞机；有在20世纪50年代后期，毛泽东主席曾多次乘坐过的伊尔-14型运输机；有为周恩来总理撒骨灰的运-5飞机。有新中国自己研制生产的第一架喷气式战斗机以及后来相继研制生产的歼-6、歼-7、歼-8、运-8等系列飞机。

地址：北京市昌平区小汤山镇
邮编：102211　北京市5806信箱
电话：010-61784882，61784883，66916919

带你走进博物馆

中国航空博物馆

交通指南：可乘坐由安定门始发的912路公共汽车,二环路乘820路公共汽车直达,或乘坐由西客站始发的845路,德胜门乘345、345支线在沙河北大桥转乘945路或820路至中国航空博物馆。

毛主席座机——伊尔-14运输机

伊尔-14飞机是前苏联伊留申设计局在伊尔-12型运输机基础上改进设计的。伊尔-14飞机的翼展31.7米,机长21.31米,机高7.8米。

这架"4202"号伊尔-14运输机,从1957年3月19日至1958年9月3日,曾52次执行毛主席的专机任务,内部陈设仍然保持了当年使用时的状况,供人瞻仰。舱内挂着一幅毛主席在同型飞机(4208号)上的工作照,照片与实物对应,使人倍感亲切。

撰稿：李曦玉
摄影：许　光

带你走进博物馆

百馆百宝

北京自然博物馆

北京自然博物馆是新中国成立后筹建的第一座自然科学类博物馆,也是联合国国际科学与和平周中国组织委员会命名的"科学和平教育基地"。本馆承担着国家生物标本的采集、收藏、研究和生物科学普及任务。

北京自然博物馆目前拥有四个基本陈列:古生物陈列(生命的历程)、动物陈列(动物——人类的朋友、动物奥秘)、植物陈列(绿色家园)、人类陈列(人之由来)。馆藏文物、化石、标本10万余件,大型整体古哺乳动物化石数量居世界第二,黄河古象化石、恐龙化石名扬海内外。"动物陈列"按系统发育顺序展示了动物界从单细胞到多细胞、从水生到陆生、从简单到复杂的演化历程。"植物陈列"展示了各类群植物的标本及生态照片,反映了植物对动物、人类的生存所具有的不可缺少的作用。"古生物陈列"通过大量的化石标本展示了脊椎动物从水生到陆生、从变温到恒温、从卵生到胎生的演化历程。"人类陈列"展示了由猿到人的历史进程,勾画出人类自身的发展轨迹。

地址:北京市崇文区天桥南大街126号
邮编:100050
电话:010-67024431
传真:010-67021254
开馆时间:全年无休
每日:8:30~17:00(16:00停止售票)
网址:http://www.bnhm.cn
交通指南:乘2、6、15、17、20、35、36、54、105、106、110、120、803、819、917路车天桥站下车。

带你走进博物馆

南雄恐龙蛋

恐龙是爬行动物，它们和现生的爬行动物龟、蛇等一样，是靠产卵来繁殖后代的。我国是世界上发现恐龙蛋最多的地方，有很多著名的恐龙蛋产地，如广东南雄、河南西峡等地。恐龙蛋化石形态多样，有扁圆的、椭圆的、圆形的、橄榄球形的；小的只有几厘米长，中型的20厘米长，大型的长50厘米左右；壳型有的像鸟，有的像蜂窝；颜色有黑的、灰的、青的、蓝的、红的各种颜色，其中以黑颜色为最多。最有价值的是含有胚胎的恐龙蛋化石。

这窝珍宝级的恐龙蛋是北京自然博物馆的科考队员于1979年在广东省南雄地区采集到的，共有29枚，分三层呈辐射状排列，每层的蛋与蛋之间都有土层隔开，估计是恐龙每下完一层蛋就盖上一层土，以防再下的蛋将其撞碎。至于它们为何会把自己的蛋排成这种辐射状，有一种说法认为：由于恐龙是冷血动物，所以它们无法用自身的体温为卵的孵化提供足够的能量，如果它们像鸡那样孵卵的话，只有把蛋压碎，不会有什么好的结果。于是它们把卵排成辐射状，最大限度接受太阳光的照射，为小恐龙的孵化创造条件。这窝蛋是迄今已知数量最多、保存最为完整的一窝恐龙蛋，在世界上也是一流的珍品。它像一颗璀璨的明珠熠熠生辉，在生物进化的历史长河中，放射出耀眼的光芒。

撰稿：冯 静
照片提供：赵野木

定陵博物馆

定陵博物馆成立于1959年10月1日,是一座著名的遗址性古帝王陵寝博物馆。它位于北京市昌平区西北部风景秀丽的大峪山脚下,埋葬着明朝第13位皇帝神宗朱翊钧(年号万历)及其两位皇后。定陵是万历皇帝22岁(即1584年)开始修建的,历时六年建成,耗银800万两,相当于万历朝两年的田赋总收入。定陵是继长陵、永陵之后十三陵中第三大陵。经国务院批准,1956年5月,考古发掘工作队开始对这座古帝王陵进行发掘,1957年7月成功地找到了地下宫殿,1959年在原址建立了定陵博物馆并对外开放。定陵博物馆收藏的文物极为丰富,其用料、工艺极为考究,代表了当时的最高水平。定陵博物馆除地下宫殿外还有"定陵出土文物珍品展"、"明十三陵博物馆"及"中外名人在十三陵大型图片展"供游客参观。

地址：北京市昌平区十三陵
邮编：102213
电话：010-60761424
交通指南：德胜门（345路）－昌平（314路）－定陵博物馆；前门、北京站、动物园乘游1、游5专线旅游车直达。

百子衣

定陵地下宫殿出土文物近3000件，其中丝织品数量约占1/5，有两件刺绣品因每件衣服上绣有约100个儿童，故而得名百子衣。百子衣，出自孝靖皇后棺内。两件百子衣，从图案的设计看，独具匠心，各组画面上的童子从1人到6人数量不等，共组成40余个嬉戏的场面，有斗蟋蟀、戏金鱼、练武、摔跤、踢毽子的，有爬树摘果、站凳采桃，有放风筝、玩陀螺、放爆竹，有扮成教书先生处罚弟子的，有学武松打虎揪打花猫等等。儿童天真活泼的神情被刻画得惟妙惟肖、淋漓尽致。

撰稿：陈京红

北京大学赛克勒考古与艺术博物馆

北京大学赛克勒考古与艺术博物馆是我国高等院校中第一所考古专题博物馆。1986年在赛克勒先生和夫人的慷慨帮助下破土奠基。赛克勒先生是一位美国医学博士、著名的收藏家和慈善家,一生钟爱中国的传统文化,对中国文物的保护和发展做出了贡献。

北京大学赛克勒考古与艺术博物馆的展览有着自己的特色。展览分为基本陈列和临时展览两部分。基本陈列为按时代排布的考古教学标本展,分为旧石器时代、新石器时代、夏商周时代、战国时代、秦汉时期、三国两晋南北朝隋唐时期、宋辽金元明时期七个部分。展览主要包括两个方面的内容:一个方面是辅助中国考古学教学的标本陈列,另一个方面是北京大学考古文博学院的师生历年考古发掘取得的重要收获。

地址:北京大学赛克勒考古与艺术博物馆
邮编:100871
电话:010-62751667
传真:010-62751667
网址:http://www.amsm.pku.edu.cn
开放时间:全年开放(正月初一至初五休息),节假日不休息
每天9:00~17:00开放(16:30停止售票)
门票价格:成人5元,学生1元
交通指南:博物馆位于北京大学校园西北部,紧挨西门。乘坐运通106、运通114、320支、332、332支、718、732、355支、808路车到北大西门站下步行5分钟即可到达。

撰稿:曹 宏

白釉印花青花大瓶

这件白釉印花青花大瓶的造型规整，形态秀丽，纹饰清晰，色彩淡雅，是一件十分稀有的乾隆时期景德镇烧制的外销瓷。外销瓷就是专门销往国外的瓷器。中国外销瓷的繁荣，从唐代一直保持到19世纪的最初二十年。清代前期，欧洲的皇室和贵族把中国瓷器作为夸耀财富的手段，并视为珍宝。清康熙以后的外销瓷，图案除了中国的山水、花鸟、人物外，为了迎合外国的需要，还大量绘制西方人喜欢的图案，如西洋静物画、人物像和《圣经》故事以及甲胄徽章等等。乾隆时期景德镇的制瓷业进入了一个创造性的发展阶段，在数量和质量上都达到了顶峰。特大型器物的制作也是这一时期的一个突出成就，但是像这件高102.4厘米的大瓶，也属于少见的大器。这件器物可以称得上是乾隆时期带徽章图案的外销瓷中的代表性器物。

撰稿：秦大树　曹　宏
摄影：祁庆国

周口店北京人遗址博物馆

　　周口店北京人遗址是五十万年前北京猿人生活的地方，又是山顶洞人的故居。20世纪20年代以来，周口店北京人遗址共发现和发掘猿人洞、山顶洞和新洞等27个具有学术价值的地点。发现大量古人类化石，分属于40余个男女老幼的个体，数万件石器、近百件动物化石和丰富的用火遗迹，是20世纪震惊世界的重大考古发现和科学成就。这里不仅是人类化石的宝库，而且是古人类学、考古学、古生物学、地层学、年代学等多学科综合教育研究基地。

　　1961年被国务院公布为第一批全国重点文物保护单位；1987年被联合国教科文组织列入世界文化遗产名录，成为中国首批世界文化遗产；1992年被北京市政府列为青少年教育基地；1997年中宣部又将其列入全国百家爱国主义教育示范基地之一。

地址：北京市房山区周口店大街1号
邮编：102405
联系电话：69301278
传真：69301287
网址：http://www.zhoukoudiansite.com
开放时间：8：30～16：30（无闭馆日）
门票价格：成人30元，老年人、中小学生持证15元
参观服务种类：免费讲解服务，免费观看录像
公众参与项目：动手制作　模拟发掘
交通指南：天桥坐917路至良乡西门转乘环线2路到遗址；西单商场坐616路至良乡西门转乘环线2路到遗址。

山顶洞遗址

山顶洞遗址是1930年核查北京人遗址的边界时，在它的南面发现，1933年和1934年进行了发掘，距今约2.5万年至1万年，发现包括3个头骨在内的代表至少8个山顶洞个体的化石材料，还有47种哺乳动物化石；山顶洞人的文化遗物有碳硝、石器、骨器（包括骨针）和穿孔石子、兽牙、贝壳等做成的装饰品；在人类化石周围还发现有赤铁矿粉末，是山顶洞人对死者实行埋葬的有力证据。山顶洞原来有完整的洞顶，原洞口朝北，位于洞穴上部，发掘时一并挖去。原洞穴分4个部分：洞口（入口）、上室、下室和下窨，上室为居住处，下室为墓地，下窨只发现过动物化石，而且有相当完整的骨架，推测其可能为一天然陷阱。

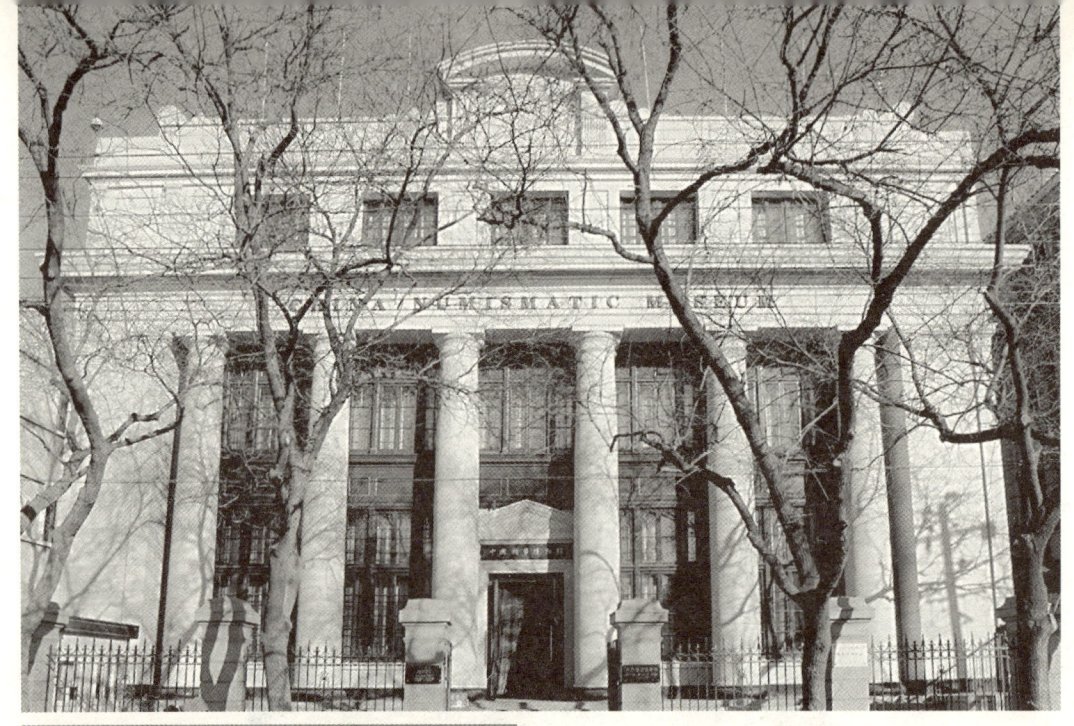

中国钱币博物馆

中国钱币博物馆馆址包括原北洋保商银行和大陆银行两座大楼。这两座大楼建于20世纪二三十年代，是中国近代金融业的实物见证，均为北京市文物保护单位。

中国钱币博物馆的建成和正式对外开放，改变了我国过去无国家级钱币专业博物馆的现状，标志着我国钱币事业有了巨大的发展，使珍贵的钱币实物和钱币文献史料有了一个专门陈列、保护的机构，为钱币研究者、爱好者、金融货币工作者提供了鉴赏、学习、交流的场所，为向国内外宣传、弘扬中国钱币文化、中华文明起到了积极的推动作用。

中国钱币博物馆充分利用其丰厚的藏品，为观众提供丰富而高雅的陈列展览，系统地展示货币在中国的产生、发展历程及其对经济、社会、历史演变的影响，集知识性和观赏性于一体。经过十几年的发展，中国钱币博物馆已成为国内最大的集钱币收藏、研究、陈列于一体的专题博物馆。

地址：北京市西交民巷17号
邮编：100031
联系电话：010-66081385
网址：http://www.cns.com.cn
交通指南：公共汽车5、22、120、20、819、820、922、44、48、特7、特2、337、826、101、102路前门站下，地铁前门站下车。

承安宝货

中国钱币博物馆藏品丰富，有馆藏文物30余万件，其中不乏许多精美的钱币实物，承安宝货就是其中最具特色的藏品之一。

承安宝货铸造于金朝章宗承安二年（1197年），面额从一两至十两，共分五等，在民间交易中每两折合铜钱两贯使用，是中国最早的定制流通的白银货币。原仅有文献记载，1908年才发现实物。

中国钱币博物馆藏有承安宝货两种，面额分别为一两、一两半。形制均为束腰形，上下宽，两端圆弧。长4.5厘米，腰宽2.1厘米，厚0.5厘米，重48.8克。四周铸三道水波纹。面文用阴文书写"承安宝货"四字，还有管理官员的花押。

承安宝货由于铸造和使用时间短，而且铸量少、流通地域狭窄，所以存世稀少，非常罕见。中国钱币博物馆展出的承安宝货，铸造精美，文字清晰，品相极佳，堪称稀世珍宝。

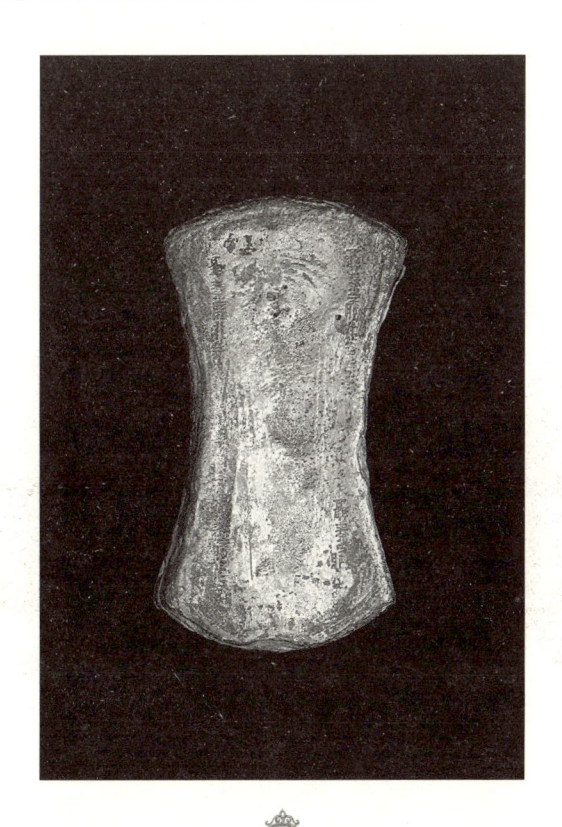

百馆百宝

中国紫檀博物馆

中国紫檀博物馆是由香港国际集团有限公司董事长陈丽华女士投资兴建的，它是目前国内首家以紫檀家具为主的反映明清家具艺术的专题性博物馆。博物馆的建筑面积有9000多平方米，共四层十三个展厅，展品近千件。该馆是1999年9月19日开馆，2004年1月被国家旅游局评为国家AAAA级旅游景点单位。观众到这里可以领略和认识中国传统家具博大精深的文化内涵。

紫檀木雕《清明上河图》座屏

紫檀木雕《清明上河图》大型座屏，是以北宋张择端的名画《清明上河图》为蓝本雕刻而成的，座屏共分12块，每块长270厘米，高179厘米，连接起来便是一幅完整的画面。全长32.4米，总重量约5397公斤。画卷以北宋都城汴京（今河南开封）的汴河为主线，有条不紊，引人入胜地展开了当时各阶层的种种活动，特别是作者以散点透视的

构图法则，熔时空于一炉，摄万象于毫端，画卷情节跌宕，动静起伏，既朴实无华又精湛细腻，体现出高度的写实性和概括性，当时的着装、家具均体现出宋代的风俗习惯、礼节等，直接反映了中下层市民的现实生活。在雕刻过程中，严格遵循浮雕、透雕的传统工艺，刀法娴熟，打磨细腻，线条圆润，人物姿态各异，生动传神，作品既保持了原画的意境，又充分显示了雕刻的空间感和立体感的艺术效果，整体造型古朴，雄浑庄重。

地址：北京市朝阳区建国路23号

邮编：100025

电话：010-85752818

网址：http://www.redsandalwood.com

交通指南：

1. 乘312、728路或小公共汽车到高碑店站；
2. 乘115路电车、718路空调车到康家沟站，往南步行至高速公路向东200米；
3. 乘342、864、382、859、908路太平庄站往南400米；
4. 乘一线地铁至四惠东站向东500米；
5. 乘城铁在高碑店站下车向西100米。

百馆百宝

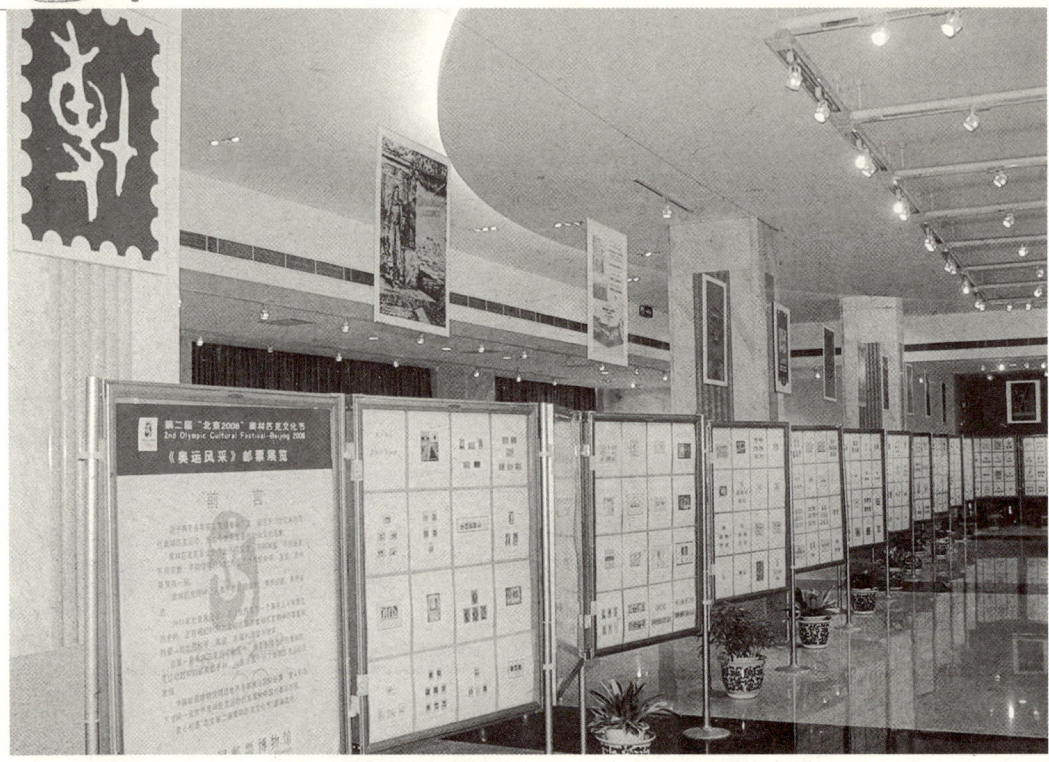

中国邮票博物馆

在北京有一座专门收藏邮票的博物馆，在这里观众不仅可以欣赏到中国最古老的邮票，看到世界各国精彩纷呈的邮票，了解邮票的起源与发展，还可以知道许多关于邮票的有趣故事，从而爱上小小的邮票。

中国邮票博物馆成立于1985年，是我国唯一利用邮票和邮票历史文物进行展示和研究的国家级专业博物馆，馆内藏有清末以来各历史时期邮政部门发行的邮票以及世界200多个国家和地区的邮票，共计30万种，总数超过1亿枚。

地址：北京市建国门内贡院六号D座
邮编：100005
电话：010-65185511、65185517
交通指南：乘1、4、37、52、特1、120、728、802路公交车北京站口下车，9、特2、703、729路公交车北京站下车，地铁建国门站下车。

带你走进博物馆

红印花小字"当壹圆"邮票

1896年,上海海关为防止不法外商利用假报进出口货物的数量作弊,由英国华德路公司印制100万枚3分印花票,准备贴在报关单上作收费凭证使用,但由于遭到不少外商的强烈反对,未能执行。红印花原票采用凹版印刷,花纹雕刻精细,因颜色为红色,所以被叫做"红印花"。红印花原票不是邮票,也没作为印花票使用过,因此在社会上的流传量极少,它又是"中国第一珍邮"及许多名贵加盖邮戳的原票,所以本身就有很高的收藏价值,被集邮家们视为收藏的珍品。

1896年3月20日,清光绪皇帝批准设立国家邮政,迫切需要各种面值的邮票。由于一时来不及设计印制新邮票,有人想到了未曾使用过的红印花票,它从形状和防伪功能上,都十分适合用作邮票的临时替代品,于是邮政当局将60余万枚尚未使用的红印花分批加盖黑色"大清邮政"、"当×圆"或"暂作洋银×分"等字样,当作邮票使用,并于1897年2月2日发行。

红印花加盖暂作邮票共有5种面值,8个品种,其中以红印花小字"当壹圆"(也称"红印花小壹圆")加盖数量最少。红印花小壹圆存世量约31枚,大都是新票,只有一枚是盖销八卦邮戳的旧票,是世界孤品。

撰稿:李亚静
摄影:吕 钊

百馆百宝

天津博物馆

天津博物馆是在原天津艺术博物馆和天津历史博物馆的基础上组建的大型社会历史类综合性博物馆。馆藏文物达20万件,包括青铜器、陶瓷器、书法、绘画、玉器、玺印、砚台、甲骨、钱币、邮票、历史文献、地方民间工艺等多个门类,其中尤以古代陶瓷器、书法、绘画、砚台、钱币以及中国近代历史文物、文献最为突出。此外,天津博物馆还拥有专业图书资料20余万册。

目前陈列的展览有:文物主题陈列有"百年集珍——馆藏文物精品陈列"、"国瓷华彩——中国古代瓷器装饰艺术陈列"、"书法掠踪——中国书法艺术陈列"、"诗中有画、画中有诗——明清绘画陈列"、"砚寓儒雅——中国古砚艺术陈列",历史主题陈列有"中华百年看天津"、"天津人文说由来"、"渤海明珠耀北国"。

地址:天津市河西区友谊路31号
邮编:300201
电话:022-58793000
交通指南:乘641、912、619、675、962路车在博物馆站下车,乘868、846、668、686路公交车在平江道站下车,乘906、662、826、828、26路公交车在友谊路站下车。

带你走进博物馆

稀世之珍 禁中之宝
——西周夔纹铜禁

在天津市博物馆珍藏的琳琅满目、精品纷呈的众多文物中，有一件青铜器因其独特的器物造型引起海内外专家学者的格外关注，它就是1926年在陕西宝鸡斗鸡台出土的西周夔纹铜禁。

商周时期的贵族，多使用青铜器来供奉祖先、祭祀天地和宴飨宾客，他们常把酒器置于一种铜制的长方形案子上，这种案形器即称为"禁"。大型铜禁是专门为一组大型酒器制作的专用器座。由于当时所用禁多为木制，因此不易留存；其次，作为西周贵族的"庙堂礼器"，禁的使用范围也十分严格，因此，铜禁在考古发掘中发现极少，国内发现的铜禁文物只有4件。而现今存世的西周夔纹铜禁只有两件，一件现藏于美国纽约大都会博物馆东方艺术展览室内，国内唯一一件就是天津市博物馆馆藏的西周夔纹铜禁。

从考古出土情况看，禁的形制一般有方形、长方无足形、长方有足形三种。西周夔纹铜禁呈扁平立体长方形，是国内出土的所有铜禁中形体最大的一件。铜禁的前后两面各有两排长方形孔16个，左右两面也各有两排长方形孔4个。禁面上有3个突起的中空子口，即置放于禁上的圈足之内，可以稳定上面所放置的酒器。

撰稿：李 玫
摄影：刘士刚

平津战役纪念馆

平津战役纪念馆是全面展现平津战役伟大胜利的专题纪念馆。

纪念馆由以胜利为主题的纪念广场、纪念馆主体和多维演示馆三部分组成。纪念馆主体共分六个展厅，即序厅、战役决策厅、战役实施厅、人民支前厅、伟大胜利厅、英烈业绩厅。

多维演示馆运用现代声、光、电高科技与多元化视听的艺术手段，把全景式超大银幕环球电影、背景画、战场微缩景观结合起来，表现战争时空氛围的音响合成，创造出新颖、独特的视听艺术形式，气势恢弘地演示了平津战役多维空间的历史场面。

地址　天津市红桥区平津道8号
邮编　300131
电话　022-26535418
交通指南　37、47、48、673、616、837、642、657、860、952、911、628、962、865、879、861等路公交车。

在《关于和平解决北平问题的协议》上签字时使用的派克笔

平津战役是中国人民解放军在战略决战阶段进行的三大战役之一,创造了解决国民党残余部队的三种方式——天津、北平、绥远方式,为以后我军向全国进军,起到了积极的推动作用,加快了解放战争在全国胜利的进程。

北平和谈是在中央军委、毛泽东指导下,由解放军平津前线司令部与国民党傅作义方代表进行的。苏静时为东北野战军司令部参谋处处长,被平津前线司令部指派负责接待傅方代表,并参加和谈会议的全过程。

这支派克钢笔是1946年东北野战军司令部配发给苏静同志的。北平和谈期间,苏静一直使用它作谈判记录,整理谈判纪要。

经过三次艰苦的谈判,双方终于达成了北平和平解放的基本协议。苏静和王克俊、崔载之分别代表双方在协议上签字,苏静签字时使用的也是这支钢笔。

这支派克钢笔是北平和平协议签订的重要物证,直接见证了北平和平解放这一重大历史事件的形成过程,具有十分重要的历史意义,是一件珍贵的革命文物。

撰稿:张彩欣

摄影:高兴文 刘立坡

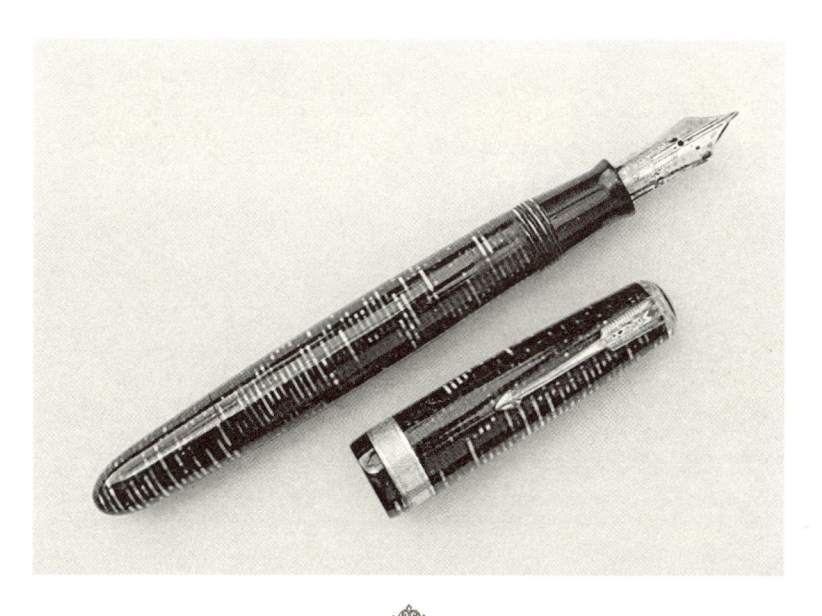

百馆百宝

周恩来邓颖超纪念馆

周恩来邓颖超纪念馆，是一座园林式伟人纪念馆，是缅怀他们光辉一生，研究他们生平思想，展示他们丰功伟绩，光大他们高尚品德，继承他们革命遗志的全国性爱国主义教育示范基地。两位伟人始终把天津作为第二故乡，该馆坐落在天津，表达了天津人民对周总理、邓大姐的深厚感情。

纪念馆朴素简洁、庄严典雅。馆外纪念广场、巨型花岗岩雕塑"高山仰止"、不染厅、纪念林、草坪花卉与主建筑相互衬托，环境幽雅，气氛庄重。馆内藏品十分丰富，文物价值弥足珍贵。馆藏文物、文献、照片及其他资料达万余件，珍品百余件。其中，先后敬放两位伟人骨灰的骨灰盒、周恩来曾乘坐飞遍大江南北并出访许多国家的伊尔－14专机和吉姆汽车以及他们的往来书信，极其难得。纪念馆主展厅包括瞻仰厅、生平厅、情怀厅、专机厅。全面展示一代伟人、两位楷模一生的丰功伟绩和崇高的品格风范。

撰稿：邱文利

地址：天津市南开区水上公园北路1号
邮编：300074
电话：022-23591821（传真）
网址：http://www.mzhoudeng.com
交通指南：观光2、94、904、643、871、872路公交车。

一个骨灰盒

这是一个楠木深雕松鹤图案的骨灰盒,它看似普通,却有着极不平凡的经历,因为它先后盛放过周恩来、邓颖超两位伟人的骨灰。1996年经专家鉴定,被定为国家一级文物。

1976年1月8日,敬爱的周恩来总理永远地离开了我们,遵照周总理的遗愿,遗体解剖后火化,骨灰撒掉。

1月15日一架小型农用飞机将周总理的骨灰撒到了祖国的江河大地。之后,中国革命博物馆把这个骨灰盒作为文物收藏。邓颖超得知后说:"我死后还要用这个骨灰盒。"于是派工作人员又将它要了回来。

1992年7月11日,邓颖超去世。遵照她的遗愿,工作人员用这个骨灰盒把邓颖超的骨灰带到了天津。邓颖超的骨灰伴着缤纷的花瓣融入了奔流不息的海河,融入了胸怀宽广的大海。

海河之滨,是周总理和邓颖超相识、相知、相恋的地方,因此,他们选择了海河作为最后的归宿。

撰稿:马秀华
摄影:吴金玉

河北省博物馆

河北省博物馆是一所省级综合性博物馆，1953年4月成立于河北省保定市，1981年迁至省会石家庄，1986年12月与河北省展览馆合并为河北省博物馆。全馆共有十八个展览大厅，馆藏文物15万件，其中一级品321件（包括国宝6件）。基本陈列为："古代河北"、"近代河北"、"当代河北"、"神秘王国——战国中山国"、"金缕玉衣的故乡——满城汉墓"，其中"神秘王国——战国中山国"、"金缕玉衣的故乡——满城汉墓"获"全国十大陈列展览精品"荣誉。

地址：河北省石家庄市东大街4号
邮编：050011
电话/传真：0311-6045642
E-mail:hebeimuseum@vip.sina.com

交通指南：从石家庄火车站乘1路、5路、53路、游2路公共汽车，在省博物馆站下车即到。从石家庄机场乘车上京石高速公路，30分钟到石家庄市区，在高速公路出口处乘32路车，到省军区站下车，沿西大街北行200米即到。

长信宫灯

长信宫灯，1968年出土于河北满城陵山汉墓。灯高48厘米，通体鎏金，造型是一位跪坐执灯的汉装宫女形象。宫女左手持灯盘，灯盘上附有一个可以转动的短柄，盘中心有一根铜钎。灯盘的凹槽中镶嵌两块弧形屏板，左右开合可以随意调节灯的亮度和照射方向。宫女身体中空，右臂高举，袖管自然下垂形成灯罩，与弧形屏板结合成一体。灯点燃后形成的烟灰可以顺着右臂进入体内，再落进盛水的容器中，就能保持室内的清洁。同时，灯座、灯盘和灯罩等各部分可以随意拆卸，清扫十分方便。灯体有九处刻着"长信尚浴……"等铭文共65字，内容包括灯的所有者、铸灯时间和灯的重量、容量等。

长信宫灯的主人是谁呢？考古研究证实，是我国西汉时期中山国第一代王刘胜的妻子——窦绾。刘胜是汉景帝的儿子，汉武帝的哥哥，公元前154年被封为中山国王，定都卢奴（今河北省定州市），疆域主要在现在的河北保定境内。

撰稿：徐艳红

百馆百宝

西柏坡纪念馆

西柏坡位于河北省石家庄市西部的平山县境内,前临碧波荡漾的岗南水库,后依松柏苍翠的柏坡岭,风光秀美,被誉为"革命圣地,旅游佳境"。

1947年5月,刘少奇、朱德率领中央工作委员会先期来到西柏坡;1948年5月,中共中央和解放军总部进驻西柏坡,使这个小山村成为了当时中国革命的领导中心。在这里,毛泽东和他的战友们召开了全国土地会议,组织指挥了震惊中外的辽沈、淮海、平津三大战役,召开了具有伟大历史意义的中国共产党七届二中全会,提出了"两个务必"的著名论断,制定了建国方略,奠定了新中国的基石。周恩来指出:"西柏坡是毛主席和党中央进入北平,解放全中国的最后一个农村指挥所。"

西柏坡对外开放的景点有:西柏坡中共中央旧址、西柏坡陈列展览馆、西柏坡石刻园、五大书记铜铸像、西柏坡纪念碑、西柏坡青少年文明园,以及历史资料电影《新中国从这里走来》等红色旅游内容。

地址:河北省石家庄市西柏坡纪念馆
邮编:050411
电话:0311-2851366、2851355
邮箱:xbplslzh@163.com

交通指南:(太原、北京、天津、济南、郑州)-石清高速路口下-平山-常峪岭-西柏坡。

带你走进博物馆

朱德同志的金属桌椅

在西柏坡中共中央旧址，朱德同志的会客室里陈列着一套铝合金折叠桌椅，共一张桌子，两把椅子。这套金属桌椅是山东孟良崮战役的战利品，是陈毅同志送给朱德同志的，在西柏坡时期和进入北平后的一段日子里，朱德同志一直使用着它。

1947年5月13日，华东野战军发起著名的孟良崮战役，16日战役结束。全歼国民党整编七十四师及整编八十三师一部，俘敌19670余人，毙伤13000余人，敌整编七十四师师长张灵甫、副师长蔡仁杰被击毙。并缴获敌七十四师师长张灵甫的行军桌椅和一支勃朗宁手枪。

1948年5月11日，朱德总司令在陈毅和粟裕的陪同下到濮阳视察工作。第二天，陈毅把这套缴获来的铝合金折叠桌椅和勃朗宁手枪一并赠给朱德总司令。总司令在视察工作结束后，把桌椅带回西柏坡，摆放在会客室。从此，这套桌椅伴随总司令在西柏坡度过了无数个日日夜夜。七届二中全会上，中央领导和各大战场的将领们围坐在金属桌旁召开小组讨论会。1949年3月，朱德总司令带上这套金属桌椅一同开赴北平。

撰稿：刘 杉

摄影：李灵巧

避暑山庄博物馆

避暑山庄是世界文化遗产地和全国现存最大的清代皇家园林，避暑山庄博物馆坐落在避暑山庄宫殿区，属专题性历史类博物馆。

避暑山庄博物馆，现有馆藏文物3万多件，馆辖正宫区、松鹤斋和万壑松风三个古建筑群。基本陈列有"澹泊敬诚"殿、"四知书屋"殿、"烟波致爽"殿、慈禧居室等复原殿堂，清宫瓷器、清宫珐琅、清宫钟表、清宫挂屏等专题展览和爱国主义教育展览及临时性展览21项。

撰稿：刘爱东

地　址　承德市避暑山庄园内
邮　编　067000
电　话　0314-2050309

清代紫檀木浮雕耕图屏风

避暑山庄博物馆收藏着数以万计的珍贵文物，在正宫区的"澹泊敬诚"殿里，就陈列着一套文物珍品——紫檀木浮雕耕图屏风。这套屏风与地坪宝座，烘染着"澹泊敬诚"殿宏伟庄严的气氛，反映了清代康熙、乾隆两代帝王的崇政精神，以及在当时的条件下所表现出来的那种极为难得的治农思想。

屏风，是古代帝王设在宫殿内挡风或作为障蔽的用具。避暑山庄博物馆收藏的这件紫檀木浮雕耕图屏风，通高3米，宽4米，五扇式。由屏帽、屏身、屏座三部分组成。整体上看，屏风图案雕刻清晰，层次感强。远眺山峰连绵，近观景物逼真，那阡陌纵横的农家稻田，那典雅错落的农家茅舍，那繁忙的劳动景象，以及风平树静，小桥流水，畜禽自得的点缀，无不显示出一派吉祥如意、万事升平的景象。

我国是有着几千年历史的农业古国，农业收成的丰歉直接关系到国家经济兴衰和政治稳定。康熙帝继承了传统的重农思想，并将其付诸实践。1703年建立避暑山庄后，康熙帝几乎每年有半年的时间住在这里，特别是避暑山庄刚刚建立时，他就曾经引进优良品种，并试种成功，在山庄内还划辟了专地，除种植御稻外，还种植了板栗、麦谷、黍、豆以及香瓜、西瓜等农作物。

撰稿：刘春云

百馆百宝

山西省博物院

山西省博物院现有院藏文物10余万件，其中，属于国家珍贵文物的达3万余件。许多各具特色的文物，从不同方面反映出史前文化、夏文化、商代方国文化、晋文化、北朝文化等在山西省的深厚蕴涵。尤其值得提出的是，各个历史时期中原文化和北方部落氏族文化相互影响，相互渗透，相互融合，在山西区域性上所具有的鲜明的地方特色，在我国考古研究领域占有十分重要的位置。

山西省博物院常年向社会展示历史文物的基本陈列和具有特色的陶瓷、石刻、青铜、书画、货币等专题陈列。

地址：太原市滨河西路中段
邮编：030024
电话：0351-6166948
交通指南：从火车站乘一路公交车，在迎泽桥西站下车，沿滨河西路往北步行即到。

龙纹觥

龙纹觥，是古代一种造型特殊的青铜制盛酒器兼饮酒器，盛行于商代和西周初期，通高18.8厘米，长44.1厘米，宽13.4厘米，形似牛角，前端是龙头形象，昂首翘鼻，龇牙咧嘴，两耳直立，双目圆瞪，面貌狰狞。长

带你走进博物馆

腹弧鼓，后端截平，背为弧曲形长盖，内有横榫与器腹扣合。盖面中央有一蘑菇形纽。器身口沿外侧有两对贯耳作悬挂用，下面有长方形矮圈足，放置稳定，整体如一停泊的龙舟，造型奇特，独具风采。装饰采用平雕阴刻，全身布满精美的纹饰。尤其是扬子鳄纹和夔龙纹，在青铜器中极为罕见。

龙纹觥是1959年在山西石楼县桃花庄出土，在所有出土的器物中，最为珍贵的就是龙纹觥。

在商代著名的盛酒器中，有河南安阳出土的后母辛觥，湖南衡阳出土的牺觥，美国弗利尔美术馆收藏的鸟兽纹觥和山西灵石出土的兽形觥，形态各具特色，相比之下，龙纹觥造型新颖别致，构思精美巧妙，是目前存世的出土青铜器中的珍品。

撰稿：王 君

山西云冈石窟研究所

山西云冈石窟研究所担负的职责是对世界遗产——云冈石窟的保护、研究和开放管理。

云冈石窟，位于大同城西16公里处的武周山南麓，它创建于5世纪中叶，距今已有1500多年的历史。

云冈石窟是在公元460年由当时定都平城期间的北魏王朝主持开凿的。石窟东西长约1公里，顺着山势的自然走向，分东区、中区、西区三个部分。到今天，云冈石窟仍保存有窟、龛254个，石雕造像51000余尊，其中最大的高有17米，最小的只有2厘米，

雕刻面积达18000余平方米，为我国现存规模最大的古代石窟群之一。它是我国新疆以东地区最早出现的大型石窟群；是北魏王朝集中国家财力、人力和物力而营建的艺术杰作，是了解和研究我国古代社会政治、经济、文化、艺术和宗教信仰的珍贵资料。它历史悠久、规模宏大、内容丰富、雕刻精细，堪称5世纪雕刻艺术之冠。

石窟

这里，宏伟壮观的早期洞窟（即16～20窟），以恢弘的气势和帝佛合一的创作思想象征着皇权的至高无上。洞窟形制摹仿的是古印度的草庐式样。窟室内部雕三世佛，洞窟外壁雕排列整齐的千佛，高大的主佛像傲

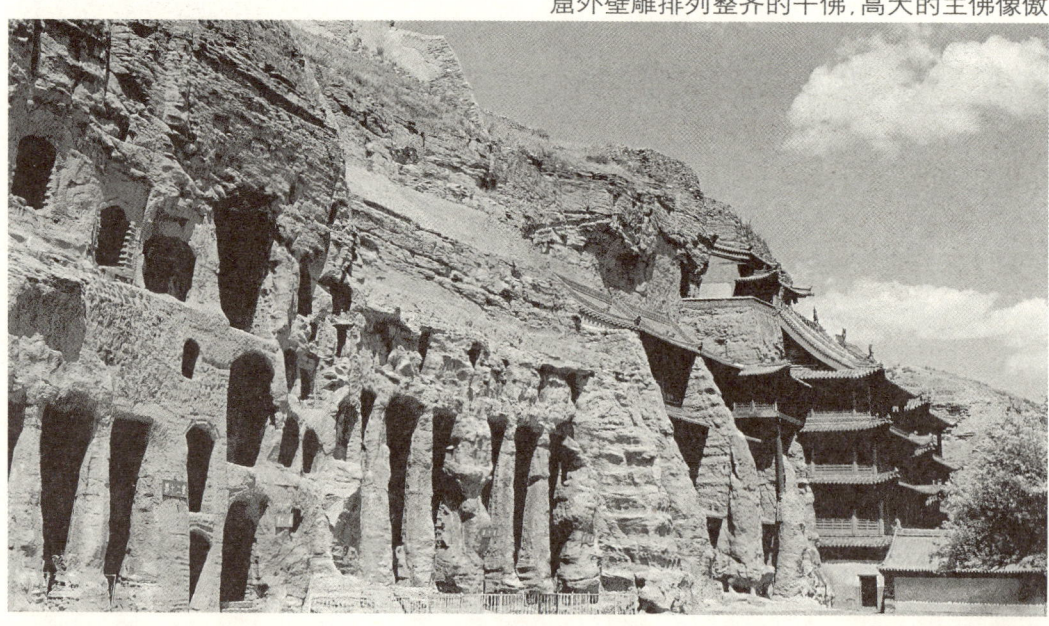

然屹立于洞窟中心位置，俯瞰人寰，似乎在讲述着千年云冈的不朽魅力，万尊石佛的神秘故事。让你感受到的是大佛像的高，小佛像的多。

绚丽多彩的中期洞窟，以它丰富的雕刻内容和完美的表现形式讲述着民族大融合的史诗。它的主要特点是：形制多呈平面方形，多前、后室；有的洞窟中间雕有中心塔柱。壁面雕刻为上下重层，左右分段；大像的数量减少，题材内容多样化；出现了佛传故事龛，供养人行列，伎乐天行列以及佛本生、本行故事等。石窟艺术中国化从这一时期起步并完成全过程。

典雅精致的晚期洞窟（21～45窟），流行四壁三龛式的洞窟样式，数量近70座。雕像的造型特点是面容清瘦，脖颈细长，双肩下削，瘦体肥衣。繁复的构图形式和清新雅丽的艺术风格折射出一种时代精神。

云冈石窟继承和发展了我国秦汉以来雕刻艺术的优秀传统，吸取和融合了犍陀罗、笈多艺术的有益成分，创造出的一种具有独特风格的艺术形式，对我国佛教造像艺术有着重要的影响。

撰稿：李立芬
摄影：员兴华

地址：大同市城西16公里处
邮编：037007
电话：0352-3026230
传真：0352-3025005
网址：http://www.yungang.org
开放时间：夏季4月15日～10月15日
上午8：30～下午6：00
冬季10月16日～4月14日
上午8：30～下午5：00
票价：全票60元人民币、半票30元人民币
交通指南：市内乘3路公共汽车；火车站、汽车站下车乘中巴车均可到达。

百馆百宝

八路军太行纪念馆

八路军太行纪念馆是全国唯一的全面反映八路军八年抗战史实的专题纪念馆。

八路军抗战史陈列馆展线长约1200米，陈列以珍贵的革命文物和大量历史图片文献资料，生动地展示八路军在共产党的领导下坚持持久抗战，夺取抗战胜利的光辉历程；进一步弘扬八路军精神，揭露日本帝国主义侵略中国的罪行。通过陈列展览，使人们特别是广大青少年受到爱国主义教育、革命传统教育和国防教育，激发观众的爱国热情。

地址：山西省武乡县太行街117号
邮编：046300
电话：0355-6437583
传真：0355-6437583
网址：http://www.balujun.org
E-mail: bij @ balujun.org
交通指南：太（太原）长（长治）高速公路（武乡出口1公里处）。

带你走进博物馆

60

八路军用过的长征行军锅

在八路军太行纪念馆最显眼的位置庄重地摆放着一口已补了17块补丁的行军锅。这口锅高40厘米,底径66厘米。它是红军、八路军英勇奋战,浴血牺牲伟大精神的见证。1988年9月,彭德怀副总司令的夫人浦安修看到了这口锅,感动地讲了鲜为人知的故事。

1938年春,日军出动3万余人,向晋东南根据地围攻,妄图把八路军主力消灭在辽县、榆次、武乡地区。八路军总司令朱德、副总司令彭德怀,动员第二战区东路军部所属晋东南部队,展开反九路围攻的长乐村战斗。

王家峪村李焕兰的男人年轻力壮,也参加了这次战斗。他在李庄沟的山坡上发现一位八路军炊事班长,两手鲜血,行军锅紧紧压在他身上,他们迅速掀掉铁锅,抬他上担架。但这位老班长抱着这口行军锅宁死不放。他泣不成声地说着:"这口行军锅从长征到现在跟随我多年,过草地煮草根皮带,救活过战友。今天它掩护我打死了鬼子兵,要我上担架,我实在不忍心把它丢掉!"这位战士牺牲前,他使尽全身力气指着这口锅,再三请求:"一定要把这口锅保存到最后胜利"。李焕兰丈夫含着眼泪答应了,冒着危险把这口锅背回家中。不幸李焕兰丈夫在转移这口锅时,正好碰上日军"扫荡",被日本鬼子兵杀害了!

1939年10月,八路军总部驻扎在王家峪村。彭德怀副总司令和浦安修住在李焕兰家。因为锅不够用,总部工作人员很着急。李焕兰火速去西营集镇上请了一个小炉匠补锅,补好后,送给浦安修,让八路军总部用。每当八路军总部培训干部,接待客人时,炊事班用这口锅做好饭后,彭德怀副总司令总要讲讲它的来历,当时大家很受感动。

直到八路军总部离开王家峪村时,彭德怀副总司令数了数,这口锅整整补了17个补丁。他风趣地说:"这口锅为八路军立下了汗马功劳啦,待到全国解放后,送到博物馆,让他好好休息!"

撰稿:李国伟

摄影:李国伟

内蒙古博物馆

内蒙古博物馆成立于1957年，是全区唯一的省区级综合性博物馆，也是全国少数民族地区建成最早的博物馆。馆藏文物标本达13万余件套，分为古生物化石标本、历史文物、民族文物、近现代文物四大类，并且各自形成体系。其中古生物化石标本1万余件，以时代全、门类多为世界瞩目；历史文物9万余件套，以中国古代北方游牧民族文物为突出特色；民族文物1万余件套，其中蒙古族文物位居全国之首；近现代文物2万余件套，尤以革命文物最为丰富。

内蒙古博物馆作为少数民族地区综合性博物馆，文物藏品具有浓郁的地区特点和民族特色。以丰富的藏品为依托举办的"内蒙古古生物化石陈列"荟萃了内蒙古化石标本珍品，从二十五亿年到一万年前，形成了完整的线条，基本反映出内蒙古生物进化的全貌，尤以白垩纪恐龙和第四纪哺乳动物化石最为著名。"内蒙古历史文物陈列"时间跨度从距今七十万年前的"大窑遗址"至清代晚期，反映北方草原人文历史的兴衰演替，其中以东胡、匈奴、乌桓、鲜卑、突厥、契丹、党项、女真、蒙古等古代北方游牧民族文物

最为引人注目。"内蒙古民族文物陈列"集中反映了近现代内蒙古地区蒙古族、达斡尔族、鄂伦春族和鄂温克族人民创造的独具特色的民族民俗文化。"内蒙古革命文物陈列"反映了内蒙古各族人民在中国共产党领导下，前仆后继、浴血奋斗、可歌可泣的革命斗争历程。四个基本陈列时代脉络清晰、地区特点和民族特色鲜明，得到国内外同行的好评，也受到广大观众的热烈欢迎。

鹰形金冠饰

1972年鄂尔多斯市杭锦旗阿鲁柴登匈奴墓葬出土。整个金冠饰构思奇特，制作精湛，纹饰精美，冠顶为半球形，高7.3厘米，刻有四狼噬四羊图案，顶部立一雄鹰。冠带重1002克，有卧虎、盘角羊、骏马等纹饰。是极具北方游牧民族文化特点的代表性作品。

匈奴族是战国、秦汉时期活跃在中国北方草原的一个奴隶制游牧王国，秦汉之际建立了强大的部落联盟国家，是中国历史记载中的第一个草原王国。在匈奴冒顿单于时（前209—前174年），匈奴的势力空前壮大，建立了一个庞大的奴隶制政权。汉武帝时，对匈奴发动了多次战争，匈奴被迫将统治中心单于庭迁至漠北。到东汉初年，匈奴分裂为南北二部之后，南匈奴入塞，北匈奴西迁后逐渐衰弱。匈奴在大漠南北共活跃了约三百年。

金冠饰出土地阿鲁柴登地处鄂尔多斯高原，毛乌素沙漠北部边缘，在战国秦汉时期是水草丰富、适宜游牧的天然牧场，这里就是史书上记载的著名的"河南地"。早在战国时期，林胡、楼烦等游牧部落就驻牧于此，匈奴冒顿单于兴盛后，南并楼烦、白羊河南王，这里成为匈奴属地。汉武帝时，匈奴失去"河南地"。在阿鲁柴登的墓葬中与金冠饰同时还出土了大批金饰品，它们的所有者应该是战国晚期林胡、楼烦或白羊王一类的匈奴贵族，尤其鹰形金冠饰，是我国迄今为止所发现的唯一"胡冠"的标本，历史价值和艺术价值不可估量。

撰稿：丁　勇

内蒙古包头博物馆

内蒙古包头博物馆于1998年成立，位于昆区友谊广场东南侧，建筑造型以"草原上的巨石、巨石上的文化"为主题，突出包头地区几千年的文化和远古文明。

博物馆内设"包头历史文物陈列"、"内蒙古古代岩画陈列"和"藏传佛教唐卡陈列"等七个展厅。

包头历史文物陈列厅，荟萃包头地区近二十多年的考古发掘及征集的文物精品，以实物的形式主要展出包头从六千年前新石器时期至明清时期的历史。

内蒙古古代岩画陈列厅，汇集我区西部地区岩画精品，岩画是绘刻在岩石上的图画。它生动真实地记录了草原民族的政治、经济、文化、宗教等内容，见证着草原先民由野蛮走向文明的历程。1999年度荣获全国十大陈列展览精品奖和内蒙古自治区50年博物馆十大陈列精品奖。

藏传佛教唐卡陈列厅，展出馆藏唐卡精品118幅，其中国家一级文物18幅，二级文物7幅。唐卡最早出现于唐代，是用纸、布、羊皮或丝绸作底，经过刺绣、版印或绘制，用彩缎装裱成的卷轴画。

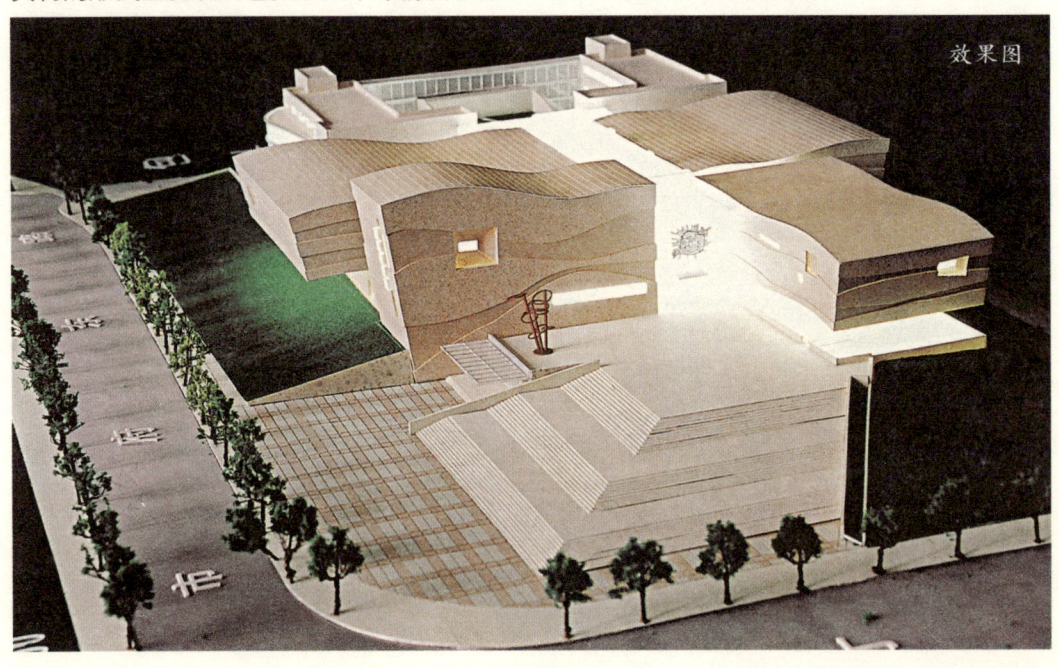

效果图

宗喀巴像唐卡

这幅宗喀巴像唐卡,长67厘米,宽44.2厘米。整个画面以宗喀巴为中心人物,四周围坐众多弟子,他们身披袈裟,头戴黄帽,右手持经书,左手作说法印,肩伸莲花,席地而坐。

布画底层中间绘以大威德金刚,熊面佛母,狮面佛母。左绘六臂护法,大红勇保护法,财神毗沙门天,以及战神。右绘护法阎魔罗,吉祥天母。顶层绘制阿底峡、中普贤王、龙尊胜王等。

宗喀巴(1357～1419年),原名善慧称吉祥,是西藏佛教最有权威的人。"宗喀"是距离青海西宁25公里的一个地名,"巴"是藏语的语尾之一,"宗喀巴"原义即是宗喀地方的人。

元顺帝至正十七年(1357年),他生于宗喀一个佛教家庭,父母都是很虔诚的佛教徒,3岁时授近事戒、赐号庆喜藏。16岁时前往西藏,从那塘住持大喜幢受得中观宗重要经论的传承,学习圆满即改戴黄帽,从而形成黄帽派,成为黄教格鲁派创始人之一。

宗喀巴一生弟子很多,最著名的有嘉曹杰、克主杰(即一世班禅)、妙音法王、大慈法王、根敦珠巴(即一世达赖)、喜饶僧格、上慧贤、下慧贤等。他所著述极多,著名的两部《菩提道次第广论》、《密宗道次第广论》、全集拉萨版共18帙,凡160多种。这幅图绘制的是宗喀巴与弟子们传承说道的情景。整幅画构图复杂、描绘精细、绘制大小人物神仙二十几位,人物姿态生动,小至厘毫一丝不苟,线条勾勒细如毛发,色彩多变、对比强烈,给人以身临其境的感受,可以说是唐卡中的精品。宗喀巴所创的格鲁派,成为我国藏地第一大教派。

撰稿:李冰洁

辽宁省博物馆

辽宁省博物馆是大型历史艺术博物馆，拥有藏品11.2万件，其中有以唐武则天时期摹写的书圣王羲之家族书法作品《万岁通天帖》等为代表的，末代皇帝溥仪携往东北的清宫散佚书画珍品；有爱国将领张学良收藏的闻名海内外的宋元明缂丝、刺绣精品。在考古类方面有令世界瞩目的"华夏五千年文明曙光"牛河梁红山文化文物；有被考古专家誉为"中华第一村"的八千年前的查海古人类聚落遗址出土文物；有独具特色的北方匈奴、鲜卑、高句丽、契丹、满族文物精品等。辽宁省博物馆新馆根据这些馆藏文物的优势和特色，推出"清宫散佚书画国宝展"、"中国古代碑志展"、"辽代陶瓷展"、"清宫瓷器展"、"明清工艺品展"、"中国古代货币展"、"新加坡指画大师吴在炎捐献作品特展"等专题展览。

地址：辽宁省沈阳市沈河区市府大路363号。
邮编：110013
电话：024-82721166-6503
交通指南：242、215、265、221、244、260、248、243路车。

虢国夫人游春图

虢国夫人，是皇帝封赐的荣誉衔头并非真正封邑，但却可享有等于侯国夫人的尊贵地位和社交身份，虢国是春秋时代河南地区的一个小国。

在唐天宝年间，因为杨贵妃深得唐玄宗李隆基的宠爱，于是杨家成为显贵一时的豪门望族，哥哥杨国忠升为权倾天下的宰相，大姐、三姐、八姐分别封为韩国夫人、虢国夫人和秦国夫人。其中，以虢国夫人的骄逸奢华最为闻名。唐代杰出的宫廷画家张萱，则以他的妙笔，绘制了《虢国夫人游春图》真实地留下那华丽的一瞬间。

整个游春阵容豪华气派，主仆骑的都是宫中的精良骏马，有前导三骑，中行两骑，殿后三骑，次序严谨，等级分明。最前面的前导官英俊而威严就是权倾天下的宰相杨国忠，他骑的这匹三花马是唐代御厩中最为名贵的三花马，代表了当时皇家出行的最高规格，随后的宫女和侍从官，构成了华贵的前导行列。行列中段就是虢国夫人，紧随之后的妹妹秦国夫人也来伴游，同样有金玉之身的她，对姐姐的态度也是恭敬有加。后面一匹三花马与前导这匹相呼应，为这支不同寻常的踏青队伍，压住了阵脚。

沈阳故宫博物院

沈阳故宫与北京故宫共为全国仅存的两座古代宫殿建筑群，史称盛京皇宫，为清太祖努尔哈赤、清太宗皇太极创建，乾隆时又有增拓，并将大量宫廷文物和《四库全书》等运藏于此，使其成为继北京故宫、承德避暑山庄外又一处皇家宝库。1926年辟为东三省博物馆。1949年成立"沈阳故宫陈列所"，1954年设立"沈阳故宫博物馆"，1986年复称"沈阳故宫博物院"。

沈阳故宫100余座建筑按平面布局分成东、中、西三路，其中的陈列形式各异、丰富多彩。主要有大政殿等处的原状陈列、十王亭等处的清宫遗物和清代艺术品陈列，以及表现清朝兴起历史和满族风俗等方面内容的专题陈列、清代宫廷文物精品陈列等。

地址：沈阳市沈河区沈阳路171号
邮编：110011
电话：024-24843819
网址：http://www.sygg.org.cn
交通指南：沈阳北站下车坐224路到大西门，东行即是。

清太宗皇太极御制鹿角椅

沈阳故宫博物院珍藏有一件野趣横生、匠心独具的国宝级文物——皇太极御制鹿角椅，在稀少珍贵的清初文物藏品中熠熠生辉，它既是满族狩猎文化的产物，也是满汉文化融合的艺术结晶。

这件鹿角椅的艺术价值之一，在于它的自然巧作，它与我国古代太师椅造型大同小异，奇特的是其靠背与扶手是用清太宗皇太极所猎麋鹿的一副鹿角自然形状巧工制成，这副鹿角共有12个枝杈，反扣在长方形椅座上，外展的四个大杈自然形成座椅圈梁式靠背和扶手，其余八个小杈拱卫四周，既起加固作用又为装饰，仿佛如八旗铁骑屏护在皇帝左右。这种巧合之作正是鹿角椅的弥足珍贵之处。

这件鹿角椅的艺术价值之二，是它的制作工艺乃为满汉文化交流的结晶。其椅座部分吸取了明代坐椅的造型和工艺特点。从椅子的整体设计和装饰可以明显看出它是满汉文化相结合的艺术珍品。

撰稿：张汉杰

摄影：王瑞琛

百馆百宝

辽沈战役纪念馆

辽沈战役纪念馆馆区的纪念塔、纪念馆、烈士名录碑、雕像碑、书法碑、大型组雕及纪念性装饰物,构成一组完整的具有革命纪念意义的建筑群体,在苍松翠柏的掩映下,十分引人注目。

辽沈战役纪念馆馆内设有序厅、战史馆、支前馆、英烈馆和全景画馆。陈列内容全面反映了东北解放战争的历史,突出展示了辽沈战役的胜利进程,揭示了战役胜利的诸多因素及伟大意义。其中《攻克锦州》全景画馆为国内首创,采用绘画、塑型、灯光、音响等多种艺术形式,生动地再现了辽沈战役的关键性战役——攻克锦州的宏大战争场景,是中国博物馆和美术史上的开山之作。

地址:辽宁省锦州市北京路5段1号
邮编:121001
电话:0416-2623331(宣教部)
　　　0416-2623308(办公室)
　　　0416-2623332(营销处)
开放时间:
冬季(11月~3月)周一闭馆休息
　　　9:00~16:00(停止售票)
夏季(4月~10月)全周开馆
　　　8:30~16:30(停止售票)
交通指南:10、111、112、124、121路以及环路至辽沈战役纪念馆站下车。

带你走进博物馆

珍贵的棉背心

在辽沈战役纪念馆展厅内，陈列着一件珍贵的革命文物。这是一件发黄泛白、打着补丁的棉背心。当观众看到这件打了32块补丁的棉背心时，谁能想到这竟是陈云同志用了38年的棉背心呢？讲起这件棉背心的来历，还得让我们一起回到东北解放战争最艰苦的岁月。

1945年至1946年，我军初到东北，在敌强我弱的情况下被迫与国民党军作战。国民党采取"南攻北守、先南后北"的战略，妄图先控制南满，再夺占北满，最后占领全东北。重兵压境，形势危急，东北局决定派东北局副书记、东北民主联军副政治委员陈云和东北民主联军副总司令员萧劲光到南满，加强辽东分局和南满军区的工作。

临江地处长白山麓，鸭绿江畔，当时是辽东分局的所在地和南满部队的指挥中心。冬季的临江已是千里冰封，气温经常在零下40度左右。陈云同志带着虚弱的身体，不顾天寒地冻，环境艰苦，到达临江就展开繁重的工作。由于生活条件十分艰苦，又经常工作到深夜，陈云同志时常感冒发烧。当时任辽东军区后勤部长的唐凯对陈云日夜操劳和经常感冒发烧的情况早已放在心里了。唐凯心想：如果请人做一件棉背心给陈云穿在身上，正可以抵挡一阵风寒，免得发烧感冒，影响工作。于是他便找人做了一件，送给陈云同志。这就是这件棉背心的由来。

陈云同志穿着这件棉背心度过了南满斗争的艰苦岁月，度过了漫长的东北解放战争。全国解放后，补了又补，一直穿用。直到1985年，在大家的劝说下，陈云同志才勉强同意换下来，捐赠辽沈战役纪念馆。如今，它端庄地摆放在展柜里。

虽然这件补了32块补丁的棉背心早已褪色，但它体现了老一辈无产阶级革命家艰苦朴素的本色。

撰稿：李曼

旅顺博物馆

　　旅顺博物馆是大连市属的综合性艺术博物馆，馆内基本陈列分设主馆和分馆两部分，主馆举办"历史文物专题陈列"，设有青铜工艺、陶瓷工艺、漆器工艺、竹木牙雕、珐琅工艺、玉雕工艺、鼻烟壶、印章、铜镜、钱币、佛教造像和新疆文物等专题。分馆陈列为"大连古代文明"和外国文物展览，其中外国文物展包括日本书画、朝鲜和日本陶瓷、犍陀罗石刻等外国艺术品。除此而外，馆内还经常举办各种中外艺术专题的临时展览。

　　旅顺博物馆坐落在辽宁省大连市旅顺口区列宁街42号，距大连市中心区约45公里，区间往返公路、铁路交通十分便利，海上交通每天有蓬莱直达旅顺的滚装船。博物馆全日开馆，年内无休。

地址：辽宁省大连市旅顺口区列宁街42号
邮编：116041
电话：0411-86383006，86383112
传真：0411-86382247
E-mail：lumuseum@mail.dlptt.ln.cn
网址：http://www.clsmuseum.net

孙温绘全本《红楼梦》图册

　　古典名著《红楼梦》在我国可谓家喻户晓，人人皆知。《红楼梦》自18世纪中期问世后，就一直深受人们的喜爱。以此为题材的各种艺术创作也不断涌现,尤其在绘画方面,不仅形式多样,艺术风格上也异彩纷呈。

孙温绘全本《红楼梦》图册为推蓬装,共有24册,除有一册空白外,其余23册各有画面10页,现存画面总计230页。画心绢本。

全图以"石头记大观园全景"画面开篇,原著中描述的主要人物活动如"宝黛初会"、"元春省亲"、"刘姥姥进荣国府"、"黛玉葬花"等情节在图中都有细微的表现。图中绘有山水人物、花卉树木、楼台亭阁、珍禽走兽、舟车轿舆、鬼怪神仙及古玩杂项等,内容十分丰富。

全图前八十回画面与后四十回的部分画面风格迥然,显然并非出自同一个人的手笔。此图作者是孙温和孙允谟。

纵览全图,画面构图严谨、表现生动、情节连贯且内容完整。作者以独特视角,把各种人物活动置于特定的环境中,勾画出一幅幅情景交融、富有诗意的画面,将一部洋洋大观、令人荡气回肠的《红楼梦》表现得淋漓尽致、雅俗共赏。全图表现情节之详尽、构图之精美、笔法之精细、篇幅规模之宏大,均为清代同题材绘画作品所仅见。此图不仅为晚清绘画研究,同时也为红学研究提供了珍贵的实物资料。

撰稿:刘广堂
摄影:张邦义

抗美援朝纪念馆

抗美援朝纪念馆，坐落在中国最大的边境城市——丹东市，是全国唯一全面反映抗美援朝战争的专题馆。

新馆位于丹东市英华山上。由陈列馆、全景画馆、纪念塔、办公楼组成。

抗美援朝纪念馆的陈列内容，分布在陈列馆、全景画馆、纪念塔和露天兵器展场。

陈列馆由序厅、抗美援朝战争、抗美援朝运动、中朝友谊、英雄模范、空军专题馆和尾厅组成。精选了600余幅照片，1000多件文物，运用声光电等手段，全面反映了抗美援朝战争的辉煌历史。

全景画馆，作品是大型油画《清川江畔围歼战》，画面高16米，周长132.6米，逼真的地面塑型，配以音响和灯光，再现了抗美援朝战争第二次战役惊心动魄的场面。

露天兵器场，陈列着各种飞机、大炮、坦克、炸弹、火车等120多件重型武器。

地址：辽宁省丹东市山上街7号
邮编：118000
电话：0415-3876345
网址：http://www.ebnet.com.cn
交通指南：市内乘1、3、22路公交车。

抗美援朝时期被击穿的铁轨

在抗美援朝纪念馆展厅里，陈列着一段"工"字形的铁轨，铁轨上有一个直径1厘米

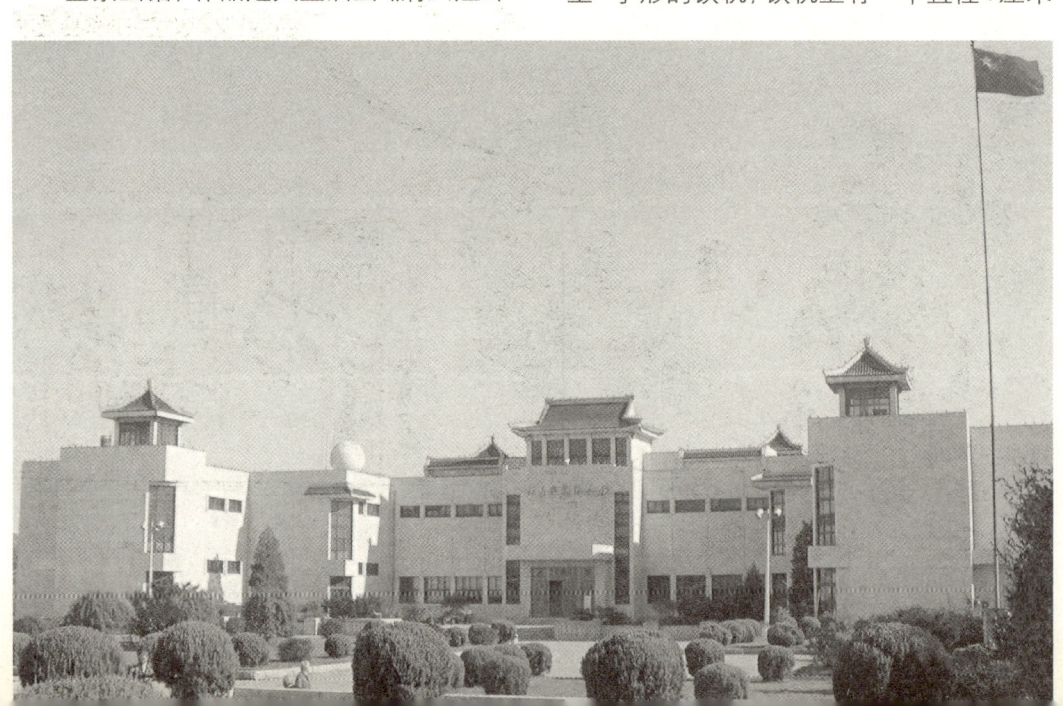

的圆形弹孔。这段铁轨是1950年8月27日，美国飞机轰炸临江火车站时被击穿的铁轨残段，它一直保留在徐国臣的家中。1995年，徐国臣将它捐献给抗美援朝纪念馆。这段铁轨被定为国家一级革命文物，是美国飞机轰炸中国边境的罪证，它记述了英雄火车司机徐国臣的故事。

1950年6月，朝鲜战争爆发后，美国飞机经常入侵中国边境，临江镇也笼罩上了战争的恐怖阴云。8月27日上午，临江火车站和以往一样，200余名铁路职工在车站里工作着，中国第一代年轻火车司机——徐国臣正忙着给机车加煤和灌水。上午11点多钟，随着一阵飞机的轰鸣声，机车上的徐国臣最先看到了有几架敌机向这边飞来。他立即跳下火车，大声喊着："敌机来了，快进防空洞！"车站里的人听见喊声，都快速地跑进防空掩体。徐国臣刚要向掩体跑去，猛然回头看见三台机车靠得很近，他想，不能让敌机把三台机车都炸了，要把飞机引开。于是他不顾一切跑上928号机车，把机车向站外开去。敌机发现后，便发疯地向机车扑来，数架敌机轮番扫射，子弹嗖嗖地从徐国臣身边擦过，他顾不上这些，拼命把机车向站外开去。就在这时，他突然发现道岔没搬，于是他来了个急刹车，还没等敌机反应过来，他已跳下机车，飞似地跑到道口将道岔搬了过来。当他正要返回机车的时候，敌机已调转机头，更加疯狂地向他俯冲扫射。只见徐国臣卧倒在地，将身体隐蔽在机车下的铁轨边。敌机继续对他进行扫射，机枪弹击穿了铁轨，将他左手的四个手指都打掉了，只剩下一个大拇指，他忍着巨痛继续和敌机周旋着。最后，敌机狼狈地逃走了。徐国臣用鲜血保住了站内的机车和铁路职工的安全。

英雄司机徐国臣的事迹，被刊登在1950年9月27日《火车头》报刊上，上级授予他"爱国模范"的称号，并受到了毛主席的两次接见。

这段带有弹孔的铁轨记载着美国飞机侵犯中国边境的罪行，它将向后人永远述说那段悲壮的历史。

撰稿：张　新
摄影：宁作泉

伪满皇宫博物院

伪满皇宫是中国清朝末代皇帝爱新觉罗·溥仪充当伪满洲国傀儡皇帝时居住的宫殿旧址，是日本帝国主义武力侵占中国东北，炮制傀儡政权伪满洲国，推行法西斯殖民统治的历史见证。伪满皇宫博物院是建立在伪满皇宫旧址上的宫廷遗址型博物馆。现已成为全国优秀爱国主义教育基地。

伪满皇宫地处长春市东北角，其建筑风格既有中国北方传统的青砖瓦房，又有日式风格的殿堂，还夹杂着欧式的洋楼，可谓东西风格杂陈，中日特色并举。伪满皇宫主体建筑分为内廷和外廷两部分，其主要建筑有缉熙楼、同德殿、勤民楼、怀远楼、东西御花园、植秀轩、畅春轩、御用防空洞等。除上述原状陈列外，"从皇帝到公民"展览、"伪满宫廷服饰展览"、"伪满政权官吏展览"、"伪满宫廷官吏展览"、"溥仪及其后妃生活用品展览"等。

西部区域已恢复了跑马场、马厩、花窖、禁卫军营区等作为民族文化展区，加大观众的参与项目；东部区域利用新建的日本帝国主义侵略东北十四年史陈列馆，举办"勿忘九·一八"大型展览，以进一步发挥爱国主义教育基地的作用。

地址：吉林省长春市光复北路5号
邮编：130051
电话：0431-2866611
网址：http://www.wmhg.com.cn
开馆时间：冬季 8：40 开馆
　　　　　　　 15：20 停票
　　　　　 夏季 8：30 开馆
　　　　　　　 16：20 停票
交通指南：1、8、18、80、225、275路公交车。

一张珍贵的白熊皮

白熊，又称北极熊，栖居于北极附近海岸或岛屿地带，性凶猛，又称为"冰原霸主"。其外貌笨拙，但它行动敏捷，短距离奔跑时甚至能追上驯鹿，它善于游泳、潜水，以海豹、鱼及鸟、腐肉、苔原植物为食。眼前的这张熊皮从表面上看与一般的熊皮没有什么差别,整块熊皮呈上宽下窄的梯形,从头至尾通长2.92米,皮面宽2.94米。它作为国家一级文物,见证了清朝末代皇帝爱新觉罗·溥仪充当伪满洲国傀儡皇帝时卖国求荣的历史,具有重要的历史价值。

1931年9月18日,日本帝国主义悍然发动了震惊中外的"九·一八"事变,迅速侵占了中国东北。为掩盖其赤裸裸的侵华罪行,对东北人民实行长期的殖民统治,于1932年3月1日一手炮制了汉奸傀儡政权——伪满洲国,推举溥仪充当伪满洲国元首执政。伪满洲国建立初期,清朝遗老遗少、东北旧臣、汉奸等,为了各自的利益,纷纷向溥仪献宝。新上任的各伪省长们也不示弱,为了恭贺溥仪就任"执政",挖空心思花费了伪币一万三千元的高价,联合购买并呈献给溥仪这张象征权利、威严和尊贵的高档装饰物——白熊皮。为此溥仪曾大加赞赏。

1932年2月,"国际联盟"迫于世界舆论的压力和国民党政府的一再要求,派出了以英国人李顿为团长的"国联调查团"赴中国东北调查、解决日本帝国主义武力侵占中国东北所谓的"满洲事件"。

溥仪在伪满执政府勤民楼正殿,会见了国联调查团。会见时这张白熊皮就铺在溥仪的坐椅下面。

在这场闹剧中自始至终都没有避开白熊皮那双明亮的双眼,它见证了溥仪受关东军控制操纵,出卖东北主权,欺骗世界舆论,公然为日本帝国主义侵略行径进行掩盖与开脱等鲜为人知的一幕。

撰稿:张 微

集安市博物馆

集安市位于祖国的东北,吉林省的最南端,集安曾是我国东北古代少数民族高句丽人的聚居地,也曾作为高句丽早、中期政治、经济、文化中心。

公元前37年,高句丽在浑江和鸭绿江流域创建了高句丽政权;并于公元3年迁都于国内城(今吉林省集安市);公元427年,再迁都于平壤(今朝鲜平壤市附近);公元668年,高句丽被唐王朝联合朝鲜半岛东南部的新罗所灭。至此高句丽28世君王走完了705年的历程。从公元3年至公元427年,在以集安为政治、经济、文化中心的425年间,留下了丰厚的遗存,这些遗迹和遗物是这一段历史无可替代的实物见证,具有举世无双的历史文化价值。

正基于此,集安市博物馆的陈列主题就是"高句丽历史文物展"。我们从众多的高句丽文物中精选出极具代表性的353件珍品,按照"农耕渔猎"、"石城陶瓦"、"积石为封(墓葬)"、"好太王碑"、"铁马兵戈"、"宴享歌舞"、"文化艺术"、"衣帻金花"这样的顺序,从各个不同的角度向观众展示高句丽农业生产的发展状况,以及城市建设和手工业、制造业的发展历程,介绍高句丽军事系统及战争、宗教信仰、丧葬习俗,还有音乐、舞蹈等内容。通过展览不仅能让观众欣赏到高句丽人创造的辉煌灿烂的物质文化,而且还了解掌握了高句丽民族的起源及政权的建立、发展和消亡的历史,真正感受到高句丽作为中国古代东北的少数民族对东北亚地区古代文明发展作出的贡献。

集安市博物馆位于集安市东北的迎宾路88号,占地面积3500平方米,建筑面积1200平方米,其中展厅面积640平方米,文物库房180平方米。现收藏原始社会时代、高句丽时代、渤海、辽金时代、近代文物1万余件。其中国家一、二、三级品34件。另外,还有全国重点文物保护单位两处:洞沟古墓群（含好太王碑、高句丽采石场）；丸都山城（含国内城）。省级重点文物保护单位两处：霸王朝山城、东岔抗联遗址。该馆属于地方性历史博物馆，是全国重点博物馆之一，也是吉林省委、省政府指定的爱国主义教育基地。

地址：吉林省集安市迎宾路88号
邮编：134200
电话：0435-6262550　0435-6262796
联系人：郑　霞、王云刚

东亚巨碑——好太王碑

好太王碑是我国现存最大的石碑之一，它雄踞渤海之东已有1590年的历史，被誉为"海东第一古碑"。据文献记载，碑主人姓高，名安，亦称谈德，是高句丽的第19世国王。公元391年，只有18岁的谈德就登上了王位，执政期间高句丽国家政治稳定，经济繁荣，军事力量空前强大，诚如碑文记载"庶宁其业，国富民殷，五谷丰熟"。公元412年，好太王年仅39岁，"宴驾弃国"，谥号"国冈上广开土境平安好太王"，好太王碑也因此而得名。公元414年，高句丽的第20世国王"长寿王"为了颂扬父亲一生的功业，铭刻守墓烟户和守墓制度立了这块碑。

好太王碑的四面共刻有碑文1775个汉字，目前尚能辨认1590余字，文意大体明了，可以概括为三部分内容。

首先碑文以一段美好的神话传说，记载了高句丽建国的历史。

接下来碑文又以较大的篇幅，再现了好太王时期，东北亚烽火四起的古战场。

最后碑文又详细地铭刻了守墓人家的来源、数量、摊派情况及守墓制度，对于研究高句丽王族的丧葬制度尤为重要。

撰稿：尚　武

百馆百宝

黑龙江省博物馆

黑龙江省博物馆始创于1923年,郭沫若先生题写馆名。馆舍主楼为欧洲巴洛克式建筑,是哈尔滨市一类保护建筑物。

黑龙江省博物馆是集文物标本收藏、科学研究、陈列展览、宣传教育等多功能于一体的省级综合性博物馆。现有各类藏品11万余件,其中历史文物、艺术品3万余件,动、植物和矿物标本8万余件。基本陈列有"黑龙江历史文物陈列"、"邓散木艺术陈列"等。

撰稿:刘丽萍

地址:哈尔滨市南岗区红军街46号
邮编:150001
电话:0451-53644151
交通指南:在省博物馆附近设有103、101、115、108、92、58、13路等公交车站。

带你走进博物馆

铜坐龙

黑龙江省博物馆的代表性藏品——铜坐龙，1956年出土于黑龙江省阿城市金上京会宁府遗址的南城墙边。龙体通高19.6厘米，重2100克，青铜实铸。

据史书记载，金代皇帝出行的时候，要乘坐一种象征着天子威严的"金辂大辇"，"大辇"就是皇帝的御用马车，有关专家推测，铜坐龙是安放在金代皇帝御用马车上的器物。

800多年前的松花江畔、阿什河水流域，一个勤劳勇敢的民族——女真族在此兴起，他们在首领完颜阿骨打的带领下先后灭辽及北宋，入主中原，建立了显赫一时的大金国。铜坐龙的出土地——阿城上京会宁府遗址，正是大金国的早期都城——金上京会宁府的所在地。2000年，适逢中国龙年，中国邮票总公司发行了一套《中国龙》的邮票，这尊金代铜坐龙有幸成为其中的一枚《中国龙》邮票的图案，相信它独特的女真民族魅力，会历久弥新，万古流长！

撰稿：杨海鹏

百馆百宝

上海博物馆

地址：上海市人民大道201号
邮编：200003
电话：021-63723500
网址：http://www.shanghaimuseum.net
交通指南：46、71、127、935、936、145、934、574、隧道3线、隧道4线、隧道5线、隧道6线、隧道8线、112、123、925、20、49、980、申周线、申陆线、37、108、18、930、537、上川线、584、108、518、581、109、锦江观光线、地铁1号线、地铁2号线等。

上海博物馆坐落于上海市中心的人民广场上。远远望去，它宛如一尊放在方座上的巨大的青铜鼎。这种独特的建筑寓意着中国古代的宇宙观——"天圆地方"。

这是一座综合性的中国古代艺术博物馆，馆藏珍贵文物近100万件，其中尤以青铜器、陶瓷器、书法、绘画最具特色。

上海博物馆建筑总面积39200平方米，建筑高度29.5米，设有青铜、陶瓷、雕刻、绘画、书法、玺印、玉器、钱币、家具、少数民族工艺等十一个专馆以及三个展览厅，藏品丰富、质量精湛，在国内外享有盛誉。此外还经常举办来自国内外的大型特别展览，使人们可以在短短的时间里看到上下几千年大千世界的风云际会。

大克鼎

在上海博物馆众多珍贵馆藏国宝中，最引人注目的是镇馆之宝——大克鼎。在青铜馆静谧的灯光下，宝鼎雄奇的身姿，散发出神秘之美。

鼎是青铜礼器中的大类，在古代社会里曾是统治阶级划分等级和权力的标志。公元前10世纪末西周孝王在位的时期，有个叫克的大贵族因为先祖的功劳而受到王的提拔和赏赐，为了彰显这一世代承袭的尊荣富贵，克不惜工本，下令铸造了这件青铜器。

此鼎形体巨大，鼎高93.1厘米，口径75.6厘米，重201.5公斤，口沿装饰着兽面纹，腹部装饰着流畅的波曲纹。腹内壁有铭文290

字,字体工整,笔势圆润,堪称青铜器铭文的典范。铭文内容主要叙述克依凭先祖功绩,得到周王的册命和大量土地、农人的赏赐,这些文字成为后人研究西周经济、政治制度的重要史料。

清光绪年间,深埋地下数千年的大克鼎在陕西扶风法门寺任村出土,当时,多少人梦寐以求想得到它,却在最后被当时做大官的苏州人潘祖荫重金买回家中。潘家是清代江南的名门望族,多年来,收藏了很多名贵古董,但大克鼎是"宝藏第一"。

1923年,秀丽、娇小的潘达于嫁到潘家当孙媳妇,当时她只有18岁。祖父潘祖荫于1890年辞世,潘达于婚后不久,丈夫也不幸故世,家庭的变故把守护潘家百余年来收藏品的重任压到了潘达于身上,潘达于带着幼小的孩子一起生活,十分辛苦。当时外界都知道偌大的潘府中藏宝无数,盗贼常来光顾。还有各种人前来打探,劝潘家出让宝鼎。有个外国人愿意出600两黄金再加一幢洋房作交换,但潘达于毫不动心。当时,柔弱的潘达于懂得一个很简单的道理,这个宝鼎是国宝,不能出卖,只能保护好继续传下去。

抗战时期,苏州沦陷,日本飞机轰炸,到处硝烟弥漫,潘达于带着全家逃到太湖边避难。战火稍停,她就叫家中木匠赶制了一个非常结实的大木箱,将大克鼎装进去,深埋到庭院中。日军进城抢劫时,潘家曾先后闯进七批日本兵,他们软硬兼施,抢夺家中无数财物,唯独国宝都被完好地保护下来。据说日军司令松井还亲自查问过潘家的收藏,威胁潘达于交出宝鼎,潘达于硬是捏着一把汗,用自己的生命保护了国家的财产。

1951年,潘达于先生得知上海博物馆建馆的消息后,立刻写信给上海市文物管理委员会,表示愿将家藏六十年的大克鼎等捐献给国家。就这样,宝鼎躲过一次次劫难,终于走进了上海博物馆这个新家。

撰稿:周 文

上海市历史博物馆

上海市历史博物馆是一座综合反映上海历史的地志性博物馆,目前拥有藏品4万余件,这些文物都是上海这座城市文脉的物质见证。上海有6000年的文明史,马家浜文化、崧泽文化、良渚文化在上海都有丰富的遗存,近代上海是一座伟大的城市,这里曾经是全国经济和文化中心,是近代中国的缩影。

1952年上海市文化局开始筹建上海地志博物馆。1954年定名为上海历史与建设博物馆,1983年上海历史文物陈列馆建制,并迁址虹桥路2270号,次年上海历史文物陈列正式对外开放。

目前,新的上海市历史博物馆正在筹建中。

本馆办公地址:上海市延安西路1357号
邮编:200050
电话:021-52392222
传真:021-62406894
网址:http://www.historymuseum.sh.cn

百子大礼轿

作为上海市历史博物馆镇馆之宝之一的百子大礼轿,现正陈列在位于东方明珠的"近代上海城市发展陈列馆"中。

此花轿分轿箱和轿面两大部分,完整的轿子高3米,从上到下共有7层。每一层的每一面都精雕细刻,各式人物形态逼真、树木花鸟栩栩如生。设计者还别具匠心地在花轿上安装了一百只小电珠,原本应该取名"百珠大礼轿",在上海话中"珠"与"子"的读音是相同的,花轿是婚嫁用轿,中国传统多子多福,故取名"百子大礼轿"以讨个口彩。

民国初年,宁波人周谓澄在上海南市创办了"物华号贳器铺"——出租婚丧喜庆用的某些器物和陈设的铺子,几年的苦心经营,物华号成了上海规模最大的贳器铺。从1927年始,这顶花轿整整制作了10年,到1936年才告竣工。据周家后人介绍,这顶八抬大花轿只用过两次,一次是协大祥老板嫁女儿、另一次则是周谓澄女儿出嫁。

撰稿:裘争平
摄影:张 毅

上海市历史博物馆

带你走进博物馆

中共"一大"会址纪念馆

中国共产党第一次全国代表大会会址，上海市兴业路76号（原望志路106号），是一幢坐南朝北、一楼一底、砖木结构的典型的石库门楼房，建于1920年秋。1921年7月23日，中国共产党第一次全国代表大会在此召开，出席会议的有各地共产党早期组织代表毛泽东、何叔衡、董必武等13人，代表当时全国党员53人。共产国际代表马林和尼柯尔斯基也出席了会议。7月30日，会场遭到法租界巡捕房的搜查，会议被迫中止。最后一天的会议转至浙江嘉兴南湖一条游船上举行。中共"一大"会议的会场，系中共"一大"代表李汉俊及其胞兄李书诚的住宅底楼一间面积仅为18平方米的客堂间。现在，它作为中国共产党诞生和发展的重要实物见证，被辟为纪念馆成为举世瞩目的革命圣地。

地址：上海市黄陂南路37号
邮编：200021
电话：021-63110136
交通指南：地铁1号线及公交车109、108、126路淮海路黄陂站下。

党的创建史上一本珍贵的教材

中共"一大"会址纪念馆藏有一本《共产党宣言》。此书是国内第一个《共产党宣言》中文全译本，由上海早期共产党组织成员陈望道翻译，由社会主义研究社出版，并作为该社"社会主义研究小丛书第一种"在上海发行。第一版于1920年8月出版，此书为1920年9月第二版，横11厘米，纵16厘米，中译本全文56页，第一、第二版各发行1000册。该书一经出版即受到工人阶级和先进知识分子的热忱欢迎，反响极为强烈。这本书的出版为正在筹备中的中国共产党送来了及时雨，各地共产党的早期组织把此书作为教育党员和革命青年的基本教材，它对于宣传马克思主义，推动社会主义运动在中国蓬勃发展，起了非常重要的作用。

撰稿：张建伟

会议室

南京博物院

南京博物院是一所综合性历史艺术博物馆，拥有藏品42万件，以江苏史前遗物、汉代文物、六朝青瓷、明清书画、清代宫廷瓷器、文献资料、民族文物、外国文物以及新中国建立前全国各地的考古出土品为院藏特色。1999年正式对外开放的艺术陈列馆，常年设有古代珍宝展、古代书画展、明清瓷器展、古代玉器展、古代漆器展、古代青铜展、古代陶器展、云锦展、民族民俗展等展览，展出文物5000余件，另有现代艺术馆不定期地展示海内外珍贵文物和艺术品，展区内配备有多媒体导览系统及同声传译多功能演讲厅，是中国目前规模宏大、设备先进、功能齐全的一流展馆。

地址：江苏省南京市中山东路321号
邮编：210016
电话：025-84802977 84802119
网址：http://www.njmuseum.com
交通指南：游1、游2、5、9、29、36、51、55、59路车至中山门站。

金兽、铜壶

1982年春，在一个不起眼的小村庄——江苏盱眙南窑庄，一个年轻的农民参加村里兴修水利工程时，无意中一锹头触到了一件硬梆梆的东西，凭直觉他知道这不会是地里生长的东西，但他万万没有想到他这一挖竟

南京博物院

挖出了中国考古史上的一组珍宝———一件战国时代的错金银铜壶,壶内还满满盛着36枚黄金铸币,重达11000克,壶上面镇着一件用黄金整体铸造的西汉金兽,重9000克,这件金兽也是目前中国考古发现黄金铸品中分量最重的一件。

人们惊叹于它绝伦的工艺和无法衡量的价值的同时,也为它谜一般的身世所困惑,唯一的线索是铜壶口沿、圈足内侧和外沿上三处米粒大的地方,留下细若发丝的几行篆书,这29个天书般的战国时代的齐国文字,让考古学家们立刻想起了晚清时流落美国的陈璋方壶(现收藏在美国费城宾夕法尼亚大学博物馆),经过两相参照,终于确认两把壶不仅都是战国时期的,而且都以同样的文字,记载了一段齐楚交战的历史,揭示出了铜壶背后一段历经沧桑、饱经磨难的经历。根据铜壶上的铭文推断:此壶原是燕国的国宝。据史书记载,战国时期,燕国的相国子之以一流的才干和阴谋,窃取了王位。公元前314年,齐宣王乘燕国内讧之机,派兵攻占了燕国都城,并将这件燕国国宝赏赐给了齐国大将陈璋,陈璋就在铜壶上铭文耀功,记载了这一段历史,希望盖世功名流芳千古,这就是铜壶上铭文的由来,而"陈璋圆壶"也因此定名。可惜齐人无福,没能将这件掳来的珍宝传给子孙。著名的燕昭王太子平,为一雪先王之耻,昭王遣乐毅为上将军,联合秦、楚、晋一齐伐齐,攻入临淄,尽取齐宝,在四国联军狼吞虎咽的瓜分中,陈璋圆壶又重返故里,成了楚国国库贮藏黄金的器具。

撰稿:石 岚
摄影:韩 祥

带你走进博物馆

南京市博物馆

南京市博物馆，是一座综合性历史艺术类博物馆，是江苏省、南京市爱国主义教育基地。长期以来南京市博物馆担负着南京地区的古遗址、古墓葬的考古发掘和历史文物及艺术品的征集保管、科学研究、文物展示与宣传教育等项工作。

半个多世纪以来，通过搜集和考古发掘，南京市博物馆馆藏各类文物已达十多万件。尤以南京直立人化石地点出土的南京猿人头骨化石，营盘山、薛城等新石器时代遗址，六朝豪门望族和明代功臣世家等墓葬出土的大量的精品文物，为国内外专家学者所瞩目。

多年来，南京市博物馆利用馆藏文物，举办各种展览，常年对外展出。现在展出的有"六朝风采"和"明都南京"两个基本的专题陈列和"南京六朝建康都城遗迹探寻"图片展览及"明代朝贺天子礼仪展演"，它们重点介绍了古都南京的历史文化发展轨迹，集中展示了南京在中国古代社会，作为王朝

都城时期的文化风貌和繁荣成就。展馆中陈列了各类具有极高历史和艺术价值的文物，它们所蕴涵的历史文化信息，让许多观众产生了浓厚的兴趣，并对南京这座古老的城市留下美好而深刻的印象，成为海内外观众了解南京城市历史和文化发展的重要窗口。

撰稿：徐心智

地址：南京市新街口王府大街南端的朝天宫内

邮编：210004

电话：025-84219704

交通指南：4、23、41、43、48、83、82、306路公交车到达。

"萧何月下追韩信"青花梅瓶

"萧何月下追韩信"青花梅瓶，元代晚期瓷器。

这件极为珍贵的青花梅瓶，是上世纪50年代初期从南京明代黔宁王沐英墓中被盗出土并流散至社会，幸被文物收藏家陈新民先生重金购下，陈新民先生深知这是一件国宝级文物，不久即捐赠给南京市博物馆收藏。

这件梅瓶，在瓶的腹部，用了较大的篇幅描绘了"萧何月下追韩信"的历史故事。这个故事说的是，在楚汉战争中，弃楚投汉的韩信在刘邦的麾下没有得到重用，因而负气出走。丞相萧何知道后，来不及禀告汉王刘邦，立即骑上快马星夜兼程地追赶韩信，真心实意地挽留他，而后又极力向汉王举荐，刘邦为此设台举行仪式拜韩信为大将军，从而最终打败项羽建立了西汉王朝。

梅瓶的主体纹饰就定格在"韩信出走"、"萧何疾追"和"艄公恭候"上，它把故事中三个不同空间的人物用连环画的形式展现出来，将萧何求贤若渴，策马狂奔时的焦急；韩信壮志未酬，徘徊岸边的踌躇不定；老艄公疑惑不解持桨而立的期待，刻画得淋漓尽致，惟妙惟肖，有着呼之欲出的效果，再加上松、竹、梅、芭蕉作为背景的衬托也为主题画面的展示营造了急切而静谧的气氛。其浓郁的民族色彩和强烈的艺术感染力，使之成为中国陶瓷史上青花瓷器的"顶极"作品。

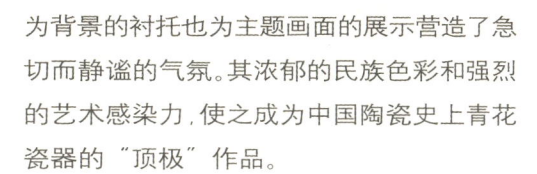

撰稿：张永媚

南京市民俗博物馆

以甘熙故居为馆址的南京市民俗博物馆，是南京地区收藏、陈列民俗物品，研究民风民俗，弘扬民间优秀传统文化的专门机构。

甘熙故居始建于清嘉庆年间，俗称"九十九间半"，它是南京地区颇具代表性的多进穿堂式建筑群。甘熙是晚清著名的文人和藏书家，道光十八年进士，曾官至三品礼部仪制司。著有《白下琐言》、《桐荫随笔》、《栖霞寺志》等地方志著作。因甘熙在其家族中颇有名望，故后人将其家宅命名为"甘熙故居"，并流传至今。

为了加强对这座巨宅的科学保护和合理利用，再现清代江南民居的风貌，2001年开始，南京市在此展开了全面的抢救性保护工作。经过一年多时间的动迁和维修，南捕厅15、17、19号恢复了原貌。维修好的三组建筑群内，分别是"南京传统民居建筑艺术"、"南京传统民居复原陈设"、"儿童专题陈列"、"老茶馆和京昆票友"等展演展示活动和"明清紫砂精粹"等临时性展览，让人们感受到"老南京"悠远的文化韵味。

撰稿：杨英

地址：南京市白下区南捕厅15号
邮编：210001
电话：025-52217104、52237361
传真：025-6628704
网址：http://www.njmuseum.cn
交通指南：乘坐40、特1、35、38路公交车升州路下；2、26、16、33路公交车内桥下；23、4、7、37、41路公交车评事街下，均可到达。

"二十四孝"隔扇门

在南京民俗博物馆收藏的众多民俗物品中,"二十四孝"纹的落地隔扇门是其中最具代表性的一组藏品。

"二十四孝"纹的落地隔扇门为清中晚期建筑构件,长300厘米,宽有50厘米和76厘米两种规格。其中50厘米宽的22扇,另有两扇为76厘米,共同组成了一座具有实用性和装饰性为一体的民居建筑。上绦环板是整个隔扇门的精华所在,在这宽不过20厘米的板材上,精雕细琢了反映我国儒家忠孝理念的"二十四孝"图案。有戏彩娱亲、闻雷泣墓、郭巨埋儿、怀橘遗亲、刻木事亲、啮指心痛等等。雕工细腻,人物刻画传神。裙板上的装饰纹样有两种风格,多数以传统梅兰竹菊、花鸟寿石及八宝博古为主体,采用浅浮雕的手法,线条流畅,刀法简洁,风格古朴。两扇76厘米宽的则刻工繁琐,分别以山、水、鱼、林、人物、楼阁等组成两幅构图巧妙的"渔樵耕读"的画面。

撰稿:陈 蓉

南京天文历史博物馆

1994年紫金山天文台筹资百万元，创建了我国第一座天文历史博物馆，中国科学院紫金山天文台建成于1934年9月，是我国依靠自己的力量建立的第一个现代天文台，是一个综合性的天文学研究机构，在我国天文事业的建设和发展过程中起着先驱作用，故有"中国现代天文摇篮"之誉。

紫金山天文台矗立在钟山风景区西侧的紫金山第三峰上，这里林木葱茏，空气清新，风景秀丽，自然环境优美，人文资源丰富，景致特好。南京天文历史博物馆复制和仿制了一批古代天文仪器，丰富多彩的天文图片展板和陈列在这里的数件国宝级的古代大型青铜天文仪器，以及大型天文望远镜，定会令您大开眼界。

通信地址：南京市北京西路2号
地址：南京市太平门外紫金山上
邮编：210008
电话：025-84440768，
或 84443033（总机）转8801、8808
传真：025-84440768
网址：http://www.pmo.jsinfo.net
E-mail:zitaikepubu1@sina.com
或 ztkpb@tom.com
交通指南：从鼓楼乘坐20路车到索道站下，从火车站乘坐游3路车到索道站下，然后步行或乘坐索道。

浑 仪

按照我国的浑天学说，古人认为天是圆的，形同蛋壳，天上的星星是嵌在蛋壳上的弹丸，地球像蛋黄，人们是在这个蛋黄上测日、月、星的。因此，把我国传统的测量天体球面坐标的仪器叫做浑仪。

浑仪的发明大约是在公元前4世纪到公元前1世纪之间（即战国初期到秦汉时代），最初的浑仪很简单，由赤道环和四游环组

成，赤道环是用来指示恒星位置的，四游环与赤道环垂直能够绕极轴旋转，在四游环上设有观测用的窥管。后来为了测量太阳的位置，在浑仪上又安装了黄道环以及用来表示月亮位置的白道环，张衡又加上了地平环和子午环。

现陈列于紫金山天文台的这架浑仪是明正统二年（1437年）仿制的。它是仿元朝郭守敬的制度，用青铜铸造而成的。这架仪器结构牢固，工艺华美，近看高大，远看玲珑，堪称我国古代科学技术、工艺、美术、铸造技巧、机械构造等多方面高度发展的结晶。它继承和发扬了我国古代制造浑仪的传统，可以说它是古代浑仪发展的顶峰。这架浑仪在一个时期内是世界上最先进的天文仪器。浑仪的主要部分有三重，包括六合仪、三辰仪和四游仪，此外并有座架和云山。浑仪长2.45米，宽2.45米，高3.09米，重约10000公斤。

徐州博物馆

徐州博物馆承担着本地区的考古发掘、文物收藏、陈列宣传、科学研究等任务。

陈列楼有八个展厅，常设陈列有"古彭之宝——徐州文物精华"、"俑偶华彩"、"邓永清收藏书画"、"清式家具"等。

"古彭之宝"是该馆的大型基本陈列，由徐淮初曦、汉室遗珍、史河流韵三个单元五个展厅组成，展出各类文物珍品近千件。这是中国目前唯一的出土汉玉常设展览。

"俑偶华彩"展出徐州出土西汉至宋代的俑塑艺术品。汉代的乐舞俑、彩绘仪卫俑、"飞骑"兵马俑，北朝门吏俑、彩绘女立俑、唐代三彩俑和宋代的卧姬俑等，造型各异，色彩鲜艳，体现出浓郁的时代风格和地域特色。此外该馆艺展厅还不定期举办考古新发现展览、专题文物和艺术品展览。

地址：徐州市和平路101号
邮编：221009
网址：http://www.xzmuseum@vip.sina.com
交通指南：乘2、11、608路、观光巴士云龙山站下向东100米即到。

金缕玉衣

这件狮子山楚王墓出土的金缕玉衣为西汉早期楚王所用，全长174厘米，由4248片产自新疆和阗的白玉和青白玉，用1576克金丝穿缀而成。由头罩、前胸、后背、左右袖筒等十余部件组成。另外玉片根据玉衣各部分的需要，或方形、或圆形，形状不同，大小不一，最大玉片不足9平方厘米，最小的

还不到1平方厘米，而且所有玉片都打磨得非常薄，有的仅厚1毫米，制作工序一丝不苟，表面抛光后，光洁度非常高，历经2000年后，依然泛着璀璨的光泽。在2000多年前的西汉时期，根据当时的生产水平，制作一件金缕玉衣是相当不易的。从遥远的地方运来玉料，通过一道道的工序把玉料加工成数以千计的、有一定大小和形状的小玉片，每块玉片都需要抛光和钻孔，大小和形状必须经过严密的设计和细致的加工，编缀玉片还需要许多特制的多种规格金丝。由此可见，做成一件金缕玉衣所花费的人力物力是十分惊人的。这件玉衣出土前已被盗墓者抽取金丝破坏，修复后，创造了几个之最：在我国玉衣中时代最早、玉质最好、玉片最多、工艺最精，是名副其实的国家级文物。

讲到这里，不禁有人要问：为什么汉代贵族都要用这昂贵的玉衣做葬服呢？原来穷奢极欲的皇室贵族迷信"玉能寒尸"，可使其尸体不朽。他们用昂贵的玉衣做殓服，可谓费尽心机。

金缕玉衣的主人是谁？目前还是个谜。金缕玉衣长度为什么是1.74米？修复人员解释说，墓主人的骨骼长度是1.72米，因此这个估算是准确的。

依据东汉史书的记载，东汉有严格的丧葬制度，玉衣是必需的丧葬品，只有古代的帝王才有资格在驾崩时穿金缕玉衣，而诸侯死去时只能穿银缕玉衣，一般的贵族和长公主只能穿铜缕玉衣。而此前的西汉则没有严格的规定，就是一般的贵人死去时也可以穿金缕玉衣。到了三国时代，曹丕专下诏书，废除玉衣随葬制度，此后再没有玉衣随葬的形式。也就是说，只有汉代才有玉衣的随葬形式，可谓空前绝后。

撰稿：王进楠

浙江省博物馆

浙江省博物馆坐落于美丽的西子湖畔杭州孤山南麓。经过七十多年的发展，目前浙江省博物馆已成为浙江省内最大的集收藏、陈列、研究、宣教为一体的综合性人文科学博物馆。

其馆舍一部分为清朝皇帝行宫和江南著名皇家藏书楼文澜阁古建群。常年展出的有"浙江七千年"、"青瓷撷英"、"古越人家"、"中国历代货币陈列"、"明清家具陈列"、"馆藏书画陈列"等九个基本陈列。其中河姆渡文化的陶器、漆器、木器、骨器和象牙制品，良渚文化的玉器和丝织品，越国的青铜器，越窑、龙泉窑、南宋官窑等窑口的青瓷，会稽镜和湖州镜，明清浙籍书画家的作品等，均为闻名遐迩的瑰宝。

浙江省博物馆还有位于栖霞岭的黄宾虹纪念室、位于龙游路的沙孟海纪念馆，其与馆内的吕霞光艺术馆、黄宾虹书画馆、常书鸿美术馆形成了博物馆特有的当代名人作品藏品展示系列。1999年底落成的浙江西湖

美术馆,又为浙江省博物馆的展示等拓展了新的空间。

撰稿:蒋 琳

地址:杭州市孤山路25号
邮编:310007
电话:0571-87980281（总机）
网址:http://www.zjmuseum.com.cn
交通指南:850路公交车直达。

富春山居图卷

《富春山居图》是元代大画家黄公望的代表作品。它以长卷的形式,描绘了富春江两岸初秋时的秀丽景色,峰峦叠翠,松石挺秀,云山烟树,沙汀村舍,布局疏密有致,变幻无穷,以清润的笔墨、简远的意境,将浩渺连绵的江南山水表现得淋漓尽致,达到了"山川浑厚,草木华滋"的艺术境界。

黄公望（1269～1354年）,字子久,号大痴,江苏常熟人。工书法诗词,善散曲,通音律,尤以山水画成就最高,对明清画坛影响极大,为"元四家"之首。

《富春山居图》是黄公望为其好友无用禅师所作,历经数年经营才告完成,画生动地展示了江南翠微雾霭的优美风光,可谓"景随人迁,人随景移",达到了步步可观的艺术效果。《富春山居图》用笔利落,在笔法上取法董源、巨然,而又自出新意,更简约,更少概念化,因而也就更详尽地表现了山水树石的灵气和神韵,为黄公望水墨山水的得意之作。1347年黄公望79岁,完成该画已是82岁。

中国丝绸博物馆

位于杭州西子湖畔、玉皇山前的中国丝绸博物馆是国家级的丝绸专业博物馆，占地近5万平方米，建筑面积8000余平方米，于1992年2月26日对外开放，2004年1月1日起对公众实行免费开放。她是中国最大的纺织品文物收藏、展示、保护、研究和教育中心，是中国丝绸文化的宣传窗口。

博物馆的基本陈列向人们展示了"中国丝绸的故事"、"探寻蚕的世界"、"染织的来龙去脉"、"锦绣中华表演工场"。当你沿着石阶登堂进入博物馆的时候，面对琳琅满目的展品和声、光、影的交汇，你就会在时间与空间的嬗变中，在历史与未来的交融中感受到与你互动的心路历程。娓娓动听的故事，使你懂得了丝绸是怎样起源和发展的，它有哪些种类，它在古代社会中占据着怎样的地位。你还将了解到举世闻名的"丝绸之路"对世界文明所作出的伟大贡献；蚕桑、染织及织机操作表演则系统介绍蚕桑、丝绸染织

的科学原理。博物馆的展示内容使你感受到五千年丝绸文化是多么光辉灿烂，也使你领略到推开丝绸历史文化之门的喜悦心情。馆内还设有机动展厅，举办各种特色展览。

中国丝绸博物馆环境清净幽美，桑园花草、亭台楼阁、小桥流水，还设有商场、茶室、餐饮和钓鱼设施，也是休闲娱乐的好地方。

唐代花鸟纹刺绣夹缬罗

这件织物长102厘米，宽48厘米，主体是一件提花罗织物，原貌已无法辨清。织物上以平绣绣出一些单独的小花，呈直线状排列，自然淡雅。在某些绣线脱落的地方，还可以看见蓝黑色的轮廓线，可能是原刺绣图案所用的底稿。在织物的右边是一条宽约10厘米的刺绣带，可能是衣襟之类，带上用彩色丝线平绣出花树、鸾凤和蝴蝶等纹样，十分写实和生活，是唐代丝绸图案走向人间、走向现实的最佳证据。此类纹样始于唐代中晚期，实物基本不见，只是在敦煌壁画表现的服饰图案还可以看到一些。因此，这是一件十分珍贵的实物。

在这块织物上还钉缝有两块夹缬罗。夹缬是用两块对称雕刻的凸版相对夹持进行染色，这样织物上有凸版夹住的地方无法染上颜色，起到防染的作用，而未被夹住的地方就被染成深色。利用凸版分隔不同未夹区域并注入不同染料可以使织物染出不同的色彩，就是多彩夹缬。多彩夹缬虽然在敦煌藏经洞和日本奈良正仓院有不少发现，但在吐鲁番和都兰却是出土不多。夹缬传说是唐玄宗时柳婕妤之妹发明，先是在宫中流行，后来才逐渐传出宫外。因此，夹缬在民间特别珍贵，流传也相对较少。

地址：杭州市玉皇山路73-1号
邮编：310002
电话：0571-87035150，87035223
网址：http://www.chinasilkmuseum.com
开放时间：8：30~16：30
交通指南：公交12路、809路、游3直达

河姆渡遗址博物馆

河姆渡遗址是我国长江流域一处重要的新石器时代遗址，位于浙江省余姚市，年代约为公元前5000 - 3000年。遗址保存完好，内涵丰富，以发达的耜耕稻作农业、高超的干栏式建筑、独特的制陶技术为特征，真实反映了七千年前长江流域繁荣的史前文明。它的发现和发掘证明长江流域与黄河流域一样，都是中华民族远古文化的发祥地。

河姆渡遗址博物馆坐落于风景秀丽的四明山麓，姚江北岸。博物馆外形古朴野趣，体现了河姆渡文化干栏式建筑特色。内设3个展厅，分为"遗址概况"、"稻作经济"、"定居生活"和"精神生活"四部分陈列内容，以出土的380多件文物为依托，向观众述说了七千年前先民们创造的辉煌成就。

河姆渡遗址博物馆

地址：浙江省余姚市河姆渡镇
邮编：315414
电话：0574-62963731，62963732
网址：http://www.hemudusite.com
交通指南：1.杭州出发：从沪杭甬高速公路，在牟山道口下，沿甬余夫公路（61省道），经余姚汽车东站，至三七市镇转弯。
2.宁波出发：从甬余夫公路（61省道）至慈城转弯。

河姆渡遗址第二期发掘时出土于第三文化层，距今约6500~6000年，高13.6、底径8厘米。泥质红衣陶，胎壁较薄，国家一级文物。

陶盉造型奇特，色泽艳丽，深受广大专家、学者以及普通观众的广泛关注。从它的造型来看，大口用来倒进食物，小口则倒出食物，想必盛放的是流质或半流质的食物。出土时，盉腹内发现白色沉淀物，因此，推测可能是用来盛酒的器具。当然，用来盛放蜂蜜之类的食物也不是没有可能。

撰稿：熊臣龙
摄影：熊臣龙 黄渭金

陶盉

陶盉，呈蹲鸟形，又名鸟形盉。1977年

宁波市天一阁博物馆

宁波月湖之西芙蓉洲的绿荫深处，耸立着一座古老的藏书楼——天一阁。它建于明嘉靖四十年至四十五年（1561～1566年），距今已有430多年的历史，是现存世界上最古老的三所家族藏书楼之一。

1994年和宁波市博物馆合并为宁波市天一阁博物馆。总体布局由藏书文化区、园林休闲区、陈列展览区三大功能区组成。设有"天一阁发展史陈列"、"中国现存私人藏书楼陈列"、"麻将起源地陈列"、"银台第官宅陈列"、"甬上证人书院——浙东学术文化陈列"五个固定陈列。

天一阁博物馆收藏有古籍30余万卷，其中孤本、善本就有8万余卷；字画4400幅，不乏名家大作；器物近万件；家谱500余种。1999年12月，经中国地方志指导小组批推，正式成立中国地方志珍藏馆，截止至2004年底，收藏新编各级各类地方志万余册，规模在全国名列前茅。

天一阁的创始人范钦是明代嘉靖年间人，字尧卿，一字安卿，号东明，浙江鄞县（今宁波）人，任兵部右侍郎。范钦酷爱书籍，每到一地都留心收集，总数达7万余卷，现尚存1.7万余卷。辞官归里的范钦按《易经》中"天一生水，地六成之"之说于宅东建藏书楼，将藏书楼命名为天一阁，阁前所凿水池称"天一池"，体现了他以水制火的用意。

宁波市天一阁博物馆

地址：宁波市天一街10号
邮编：315010
电话：0574-87293526
网址：http://www.tianyige.com.cn
交通指南：2、9、10、12、14、15、19、238、820、821、504路公交车都可以到达。

《集 韵》

集韵十卷，宋丁度撰，明汲古阁影宋钞本。

半页十一行，行二十二字至二十四字，小字双行，字数不等。框高24.8厘米，宽17.8厘米，白口，左右双栏。版心上端题"声部"，中为卷次，下影钞原刻工姓名"王伸、施章、刘昭"等60余人，并有"重刊"、"新雕"等字样，这些刻工都是南宋年间浙地刻书良工。影宋楷字，隽挺有神，栏格精细，桃花纸影钞。有乾隆五十九年段玉裁及道光十一年阮元跋。阮元誉此书"精审已极"，"真希世之珍也！"段跋长达600字，考证精辟。书中有"宋本"、"希世之珍"、"毛晋私印"、"子晋"、"汲古主人"、"半在渔家半在农"等印记26方。是书乃段刻《集韵》所据之底本，为研究音韵文字必读之书。

带你走进博物馆

安徽省博物馆

安徽省博物馆成立于1956年，地处合肥市中心，地势高爽，环境优美。

安徽省博物馆馆藏文物、标本23万多件，现有"安徽古代文明陈列"、"古生物陈列"两个基本陈列。"安徽古代文明陈列"将全省具有代表性的1000多件文物珍品，分为六个专题展示，即史前时期、江淮青铜、淮北画像石、古瓷集览、文房四宝和徽州古建。形象生动地描绘出安徽古代文明发展的历史。

"古生物陈列"集中展示了安徽地区中生代、新生代、古人类、古生物的活动情况，增加了活体恐龙展室。运用现代陈列手段，寓科学性、知识性、趣味性于一体，吸引了大批观众，尤其是广大青少年。

两千年前的免税凭证

公元前323年，一支浩浩荡荡的运输车队载着丝绸、漆器等物品从湖北鄂城来到楚的都城"郢"，其中一位官员拿着一块铜牌走到关卡，交给守城的士兵。士兵对照铜牌上的文字查看了车辆装载的货物，最后礼貌地将铜牌还给那位官员，挥挥手，为车队放行。那枚铜牌是什么呢？原来那是楚王颁发给鄂城的君主启的免税凭证，它的正式名称叫"节"，因为是给鄂君启的，所以我们称它为"鄂君启节"。

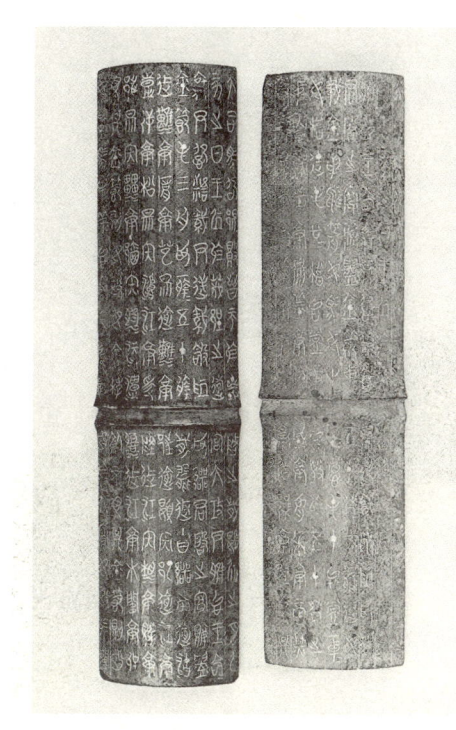

鄂君启节于1957年出土于安徽寿县，是最重要的楚文物之一。节用青铜铸成，器面用竹节纹作装饰，有铭文300多字。鄂君启持此节按规定贩运货物，沿途所过关卡就不能征税，享有免税特权。节文上所记载的地名，就是鄂君启商队各路贸易所必经的关卡和交易的都市。它的起点"鄂"，是鄂君启的封地，它的终点"郢"，是鄂君启商业活动的基点。"郢"是楚国的都城，位于今天安徽寿县境内，是当时楚国政治、经济、文化的中心。节文内容包括，一是给予鄂君启以商业活动的广泛范围，二是规定了车和船可获免税的数量，同时也明确规定了禁止私自运输武器，如果违反规定，超过上述范围、数量、各地的关卡就要按照有关规定征税了。

撰稿：宋百灵

照片提供：杨瑞玖 孟东平

地址：安徽省合肥市安庆路268号
邮编：230061
电话：0551-2823299

新四军军部旧址纪念馆

新四军军部旧址纪念馆是依托抗日战争时期新四军部遗址群而建立的革命纪念性纪念馆，坐落在安徽省泾县云岭镇罗里村。

新四军军部旧址是中国近现代八大革命史迹之一，是全国保存最完整的革命旧址群之一。现保护的旧址有：军部司令部（种墨园、大夫第）、大会堂、政治部、修械所、中共中央东南局、叶挺桥、抗日殉国烈士墓十处，占地面积2万平方米。它均以原物原貌为特点，真实地再现当年新四军军部在云岭的情景。同时，为详尽地展现新四军发展壮大的光辉历程和震惊中外的"皖南事变"悲壮历史；开辟了"新四军在皖南"大型陈列展览。展出400多件革命文物、历史照片和文献资料。建有云岭碑园和叶挺广场、项英广场。

地址：安徽省泾县云岭镇罗里村
邮编：242546
电话：0563-5900706、5900359
传真：0563-5900315
网址：http://www.n4a.68l.com
交通指南：上海直达泾县322省道云岭
南京直达泾县322省道云岭
合肥高速泾县322省道云岭
黄山205国道泾县322省道云岭

叶挺在抗战时使用的望远镜

此望远镜系德式望远镜，黄铜质地，两目镜中有一个铜钮用来调节焦距，望远可放大到500倍。在军事望远镜中属袖珍型，体积虽小但制作精致。经中国革命军事博物馆鉴定，这架望远镜是叶挺在抗战初期最先使用的。

据史料核实：叶挺军长戎马生涯中一共用过五架望远镜，其中有三架是1958年春，泾县兵役局，在泾县云岭、苏红两地收集革命文物时征集到的。另外两架收藏于中国革命军事博物馆。这三架望远镜均为国家一级文物。

现收藏于新四军军部旧址纪念馆的望远镜是叶挺任新四军军长在云岭期间赠送给云岭罗里村"种墨园"房主陈冠平的儿子陈长寿的（大学生）。

叶挺系北伐名将，是驰名中外的军事家，同时又是具有艺术天赋、热爱生活的摄影家。望远镜、手枪、能揿很多子弹的皮带和照相机都是心爱之物形影不离，此望远镜是叶挺十年流亡期间一位德国军事家所赠。

叶挺军长将自己喜爱的望远镜作为一件礼物赠给陈冠平长子陈长寿。这是叶挺军长贯彻执行统一战线方针的具体行动，表现出叶挺军长更希望青年一代，能够早日立志，发奋学习，为中国人民的解放事业，为中华民族强盛而努力奋斗。

撰稿：凤美菊
摄影：陈 癸

百馆百宝

福建博物院

　　福建博物院是集历史、文物考古、自然标本研究为一体的省级综合性博物院。馆藏历史文物和自然标本20万件，其中珍贵文物6030件，是全省文物收藏、宣传教育和科学研究的中心。目前该院拥有十五个固定或临时展厅，现已推出的"福建古代文明之光"、"福建近代风云"、"福建古代外销瓷"、"工艺藏珍"、"福建戏曲大观"、"恐龙世界"、"动物万象"以及"馆藏中国历代书画展"等陈列，全面、系统地展示了福建文化发展的成就，开辟了一个弘扬优秀文化的窗口。

撰稿：卞艳玲

地址：福建省福州市鼓楼区湖头街96号
邮编：350001
电话：0591-83757627
网站：http://www.fjmuseum.com.cn
交通指南：乘坐801、805、809、948、8、1路公交车可以到达。

李纲铜

　　在福建博物院收藏的国家珍贵文物中，有一件宋代民族英雄李纲（1083～1140年）

生前佩带的锏。这把锏系钢铁铸制，全长96.5厘米，重3.6公斤。

　　锏，又称简，是一种鞭类短兵器，属十八般兵器之列。其功用是防身护卫和打击毙敌，俗称"杀手锏"，在宋代一般多作为高级将领随身佩带之物。

　　李纲是福建邵武人，出身官宦之家，政和二年（1112年）中了进士。公元1126年（即宋钦宗靖康元年），北国金兵大举南侵，宋都汴京（今开封）陷入重围。当国家危难之际，李纲上疏"祖宗疆土，当以死守，不可以尺寸与人"，并挺身而出，承担了保卫汴京的重任。出战前他特意请京师名匠铸造了这把锏。每次战斗，他都手持利锏，亲自率领军民，督阵杀敌，终于取得了汴京保卫战的胜利。此后，李纲被投降派排挤出京。南宋朝廷建立之初，李纲被起用为丞相，但仅70余天因奸臣弹劾而罢职。李纲虽然身居于野，但心存于朝，仍屡屡上书，为抗金光复河山出谋献策。

撰稿：陈梓生

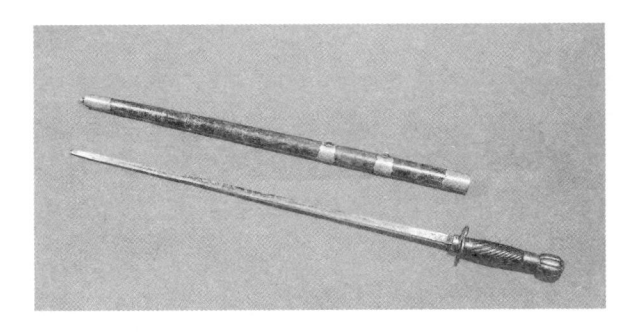

李纲像

福州市博物馆

福州市博物馆融文物收藏、艺术欣赏、科学研究、社会教育于一体。主要通过陈列展览、文化交流等方式来展现福州辉煌的历史，弘扬福州独具特色的地方文化。馆藏文物丰富，有陶瓷器、青铜器、玉器、漆器、寿山石雕、丝织品、古木雕、古家具和字画等，近两万件藏品，尤以寿山石雕和字画收藏最具特色。十几年来，先后举办过"福州琉球友好关系史展览"、"福州传世流散文物展览"、"汉玉衣及古玉器展"、"楚国编钟乐舞展演"、"明清福州地区名人书画展"、"福州市文物保护工作十年成就展"、"馆藏文物精品展"、"福州文物精品展"、"古生物进化暨恐龙展"等较有影响的展览。新馆首期推出的是三层展厅的"国家历史文化名城——福州"和"茶园村宋墓出土文物展"两个基本陈列。

地址：福建省福州市晋安区文博路8号
邮编：350011
电话：0591-83640094、83925728
交通指南：乘坐16、971路公共汽车在市博物馆站下车；乘坐8、812、815路等公共汽车在长乐路站下车。

魏汝奋寿山牛角冻罗汉坐像

寿山石牛角冻罗汉，清代传世品。石质呈褐黄色，晶莹透亮，罗汉比例准确，坐势自然舒展，神态悠然自得，面容祥和，两眼微闭，两耳垂肩，表情异常生动；盘膝而坐，一手持捻珠，袒胸，胸前刻有一盘髻佛像头部，衣纹用刀流畅，富有动感；座呈八角形，座底部刻有"魏汝奋制"。不论从作品前观，或是从背部看，显得一样的和谐自然，是一尊圆雕的杰作。魏汝奋的作品传世极少，这件寿山石罗汉坐像堪称寿山石雕中的珍品。

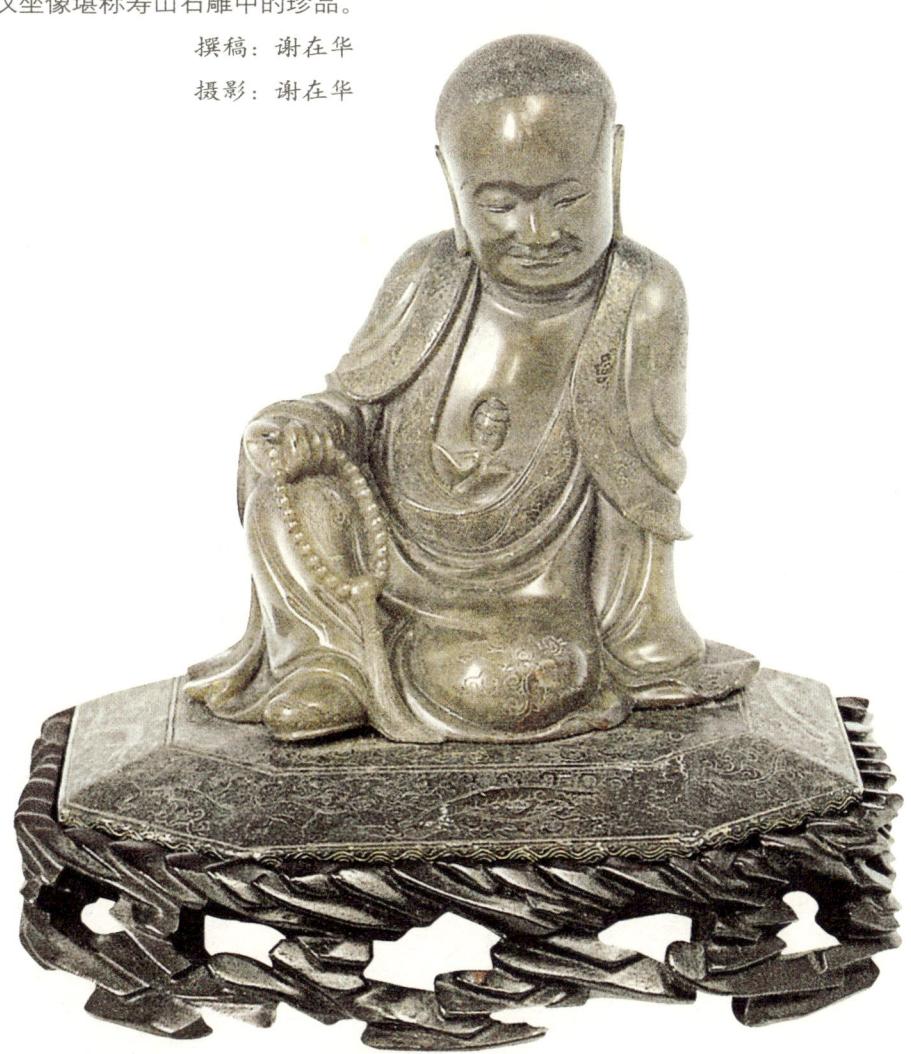

撰稿：谢在华
摄影：谢在华

泉州海外交通史博物馆

泉州海外交通史博物馆是目前我国唯一专门反映古代航海交通历史的专题性博物馆。它以中世纪东方第一大港——刺桐港（Zaitun，泉州港的别称）的历史为轴心，以丰富而独特的海交文物，生动地再现我国古代悠久而辉煌的海洋文化，讴歌中华民族对人类开辟"海上丝绸之路"的重大贡献，以及航海与造船技术方面的许多伟大发明。

新旧两馆辟有"泉州湾古船"、"泉州港与古代海外交通"、"泉州宗教石刻"、"中国舟船世界"四个专题陈列馆。这些展厅中，分别陈列着不少举世闻名的文物瑰宝，除了一艘迄今国内发掘年代最早、体量最大的宋代海船及其大量伴随物出土外，还有数十根木、铁、石古代锚具，数百方宋元伊斯兰教石刻、古基督教石刻、印度教石刻，各个时期的外销陶瓷器，近200种中国历代各水域的代表性船模，以及数量繁多的反映海外交通民俗文化的器物。

地址：泉州市丰泽区东湖街425号
邮编：362000
电话：0595-22100561
交通指南：从泉州新车站乘19路车至刺桐饭店站。

泉州海外交通史博物馆

宋代海船

宋代海船残长24.4米，残宽9.15米，是泉州海交馆最具代表性文物，于1974年在泉州湾后渚港出土。这是我国迄今发现的体量最大、年代最早的海船，如今它珍藏在海交馆泉州湾古船陈列馆里。经过科学复原研究得出结论，这是一艘长34米、宽11米，排水量近400吨、载重量近200吨的三桅远洋货船。

古船的出土给我们展示了当时世界上最先进的造船技术。

古船的出土为世人提供了一个巨大的历史信息宝库。

古船出土时，挖掘出大量随船出土物，有香料、药物、木货牌、签，铜、铁器，陶瓷器，铜、铁钱，文化用品，装饰品，果核，贝壳，动物骨骼及其他，计14类、69项。大量的出土物为研究古代中外贸易、中外文化交流等领域提供了重要的实物。

撰稿：黄建南
摄影：成冬冬

带你走进博物馆

厦门市郑成功纪念馆

厦门市郑成功纪念馆是一座历史人物专题博物馆，他是1962年2月为纪念民族英雄郑成功收复台湾300周年而建立的，著名的历史学家郭沫若先生为纪念馆题匾，并撰对联"开辟荆榛千秋功业，驱除荷虏一代英雄"。坐落在鼓浪屿日光岩北麓，依山临海，气势恢宏。其基本陈列设置于著名历史风貌建筑"西林别墅"内。更新陈列后的郑成功纪念馆除序言厅外，共设置四个展区（包含七个展室），以各种文物（其中国家一级藏品13件）、档案文献、历史照片、雕塑绘画以及声光仿真场景有机组合，全面系统地介绍了民族英雄郑成功爱国主义的历史生涯，其中驱逐荷兰殖民者、收复祖国领土台湾成为展出内容的最突出主题。

地址：厦门市鼓浪屿永春路73号
电话：0592-2061921、2068016
电子信箱：zcg1661@public.xm.fj.cn
交通指南：公交27路（厦门机场发车）；3路、19路、28路（厦门火车站发车）；31路、806路、812路（厦门市长途汽车站发车），到厦门轮渡下车，换乘厦鼓渡轮至鼓浪屿上岸，由龙头路转永春路进日光岩景区，即可寻到。

陈永华水晶印

在厦门市郑成功纪念馆的文物藏品中，有一件具有突出历史、艺术价值的文物——陈永华水晶印，成为郑馆近年吸引参观者眼光的焦点。这件私人闲章制作于清初康熙年

间，1952年出土于福建同安（今为厦门市属区）灌口镇陈永华墓。

上述水晶印印面为长方形，马形兽纽（古代印章上用于穿系绳索的突出部位称纽，后来发展为造型装饰，以吉祥动物雕饰为多见，称"兽纽"）。印纹为朱文篆书"厩珍"二字。这件印章为水晶质地，通体晶莹透亮。

水晶印的主人陈永华，字复甫，福建同安人，在郑成功帐下作为参军（军事参谋人员），在抗清作战中多有建树。1661年在郑成功召开商讨东征（台湾在厦门东南面，当时从厦门出师攻打台湾称"东征"）的会议上，陈永华坚决拥护郑成功收复台湾的主张，深受郑成功赏识。郑成功率师征台之前，陈永华接受军令留在厦门辅佐世子（将继承父亲郑成功王位的长子，故称世子）郑经。郑成功去世后，陈永华随郑经转移到台湾，任咨议参军（相当于参谋总长）兼勇卫（郑氏政权掌管王府保卫的官职），掌军政大权，继续推行开发屯垦政策，教导台湾百姓种蔗制糖、筑埕晒盐、取土烧瓦、兴修水利。在文化方面，则提倡兴建孔庙、倡导儒学、开办学校，使大陆的中华传统文化在台湾广泛传播、生根发芽，由此成为台湾郑氏政权后期重要的决策者。清康熙十九年（1680年），陈永华先葬于台湾南部，台湾归降清朝以后，移葬同安故里。

撰稿：陈 洋

江西省博物馆

江西省博物馆是一座综合性地方博物馆，坐落在赣江与抚河环抱的新洲上，北邻江南名楼滕王阁仅百步之遥，南靠江西省科技馆，处于历史名城南昌市文化景区的中心地带，地理位置优越，交通便利，环境优美。

新馆设历史馆、革命馆和自然馆。历史馆有"江西古代陶瓷"为基本陈列，另有"江西客家风情"、"江西古代青铜器"两个专题陈列；革命馆主要陈列为"江西革命斗争史"；自然馆有"赣域风貌"、"生命起源"、"恐龙世界"、"海洋生物"、"昆虫王国"、"地矿之光"六个专题陈列。

地址：江西省南昌市新洲路2号
邮编：330008
电话：0791-6592509
传真：0791-6562275
网址：http://www.jxmuseum.com
交通指南：火车站坐2路公共汽车至八一广场站下，再转乘205路公共汽车至中山桥头站下就可到达。

青花釉里红楼阁式谷仓

元代纪年青花釉里红楼阁式谷仓,是一件随葬明器,是国家文物局公布的第一批64件禁止出国展览的文物。可谓存世孤品,价值连城。

谷仓造型别致,绚丽华贵,充分再现了江南木构建筑的特色。随葬谷仓也寄托着人们对死者的悼念,希望死者能够在阴间丰衣足食,生活幸福美好。背面楼层的仓内白壁上有用青料书写的墓记一方共159字。此谷仓是景德镇的优质产品。墓主是一位女子,她的祖父便是景德镇长芗书院的院长,可见这位女子出身书香门第,富贵之家,所以才可能在墓中陪葬如此精美的瓷器珍品。这件文物珍品在地下埋藏了六七百年之后,1979年辗转流传到江西省丰城市,后由江西省博物馆收藏。

这件青花釉里红谷仓将红釉、釉里红、青花、青白釉四种高温釉施于一器,青翠明快青花纹饰间用色泽艳丽铜红加绘图案的瓷器则称为青花釉里红瓷。因为青花料和釉里红料在烧成过程中所需的气氛(窑内温度)不同,要使这两种色泽都达到成功的程度是很难的。而这件青花釉里红楼阁式谷仓,色泽鲜艳,雕刻精致,构思绝妙,人物神态生动逼真,是研究景德镇高超制瓷技艺的最珍贵实物。

撰稿:沈 农
摄影:赵可明

百馆百宝

南昌八一起义纪念馆

南昌八一起义纪念馆馆址设在位于南昌市中山路的八一起义总指挥部旧址内，原为江西大旅社，建于1922年。1927年八一起义前夕，起义军把它包租下来，作为秘密领导起义的活动中心。7月27日，中共前敌委员会也在此成立，该处成为八一起义的总指挥部，经过充分酝酿，8月1日凌晨2时，在周恩来、贺龙、叶挺、朱德、刘伯承的领导下，发动了震惊中外的八一起义，打响了武装反抗国民党反动派的第一枪，诞生了一支由中国共产党独立领导的人民军队。从此，8月1日成为了中国人民解放军的诞生纪念日。

为了纪念、宣传这一段光辉的历史，1956年，党和人民政府在此成立了南昌八一起义纪念馆，陈毅元帅题写了馆名。

地址：江西省南昌市中山路380号
邮编：330009
电话：0791-6613806
交通指南：市内公交2路内线车至洗马池站下。

南昌起义时慰劳起义军的捐款收条与回信

中国国民党江西省党部收到江西民众慰

劳前敌革命将士委员会捐款的收条和回信属馆藏一级文物。这两张已泛黄的信笺是中国共产党领导的人民军队自诞生之日起就受到人民群众拥护和支持的最有力的历史见证。

江西民众慰劳前敌革命将士委员会是江西省委领导的群众组织，1927年6月组成。成立之初，曾由江西济难会负责人朱大桢带队，带着一批慰劳品和现金前往武汉慰问从河南凯旋的国民革命军。南昌起义胜利后，朱大桢将剩余的慰问金1万元送到中国国民党江西省党部，交给了省党部执行委员会的常委黄道、罗石冰（两人均为共产党员），江西省党部执行委员会当即便写了收条给朱大桢；第二天，黄道、罗石冰将此款转交参加起义的十一军、二十军政治部作为江西人民的慰劳款。黄道、罗石冰两人随后又给朱大桢写了一封信，告诉他钱款已送交了。

撰稿：曹佳倩

百馆百宝

南通博物苑

南通博物苑是由我国近代著名爱国实业家、教育家张謇（1853～1926年）于1905年创办的中国第一座公共博物馆。它是一座"园馆一体"的城市园林式综合性博物馆，在中国博物馆发展史上具有开风气之先的意义。

现有藏品4万余件。主要展厅有南馆、北馆、中馆、张謇故居濠南别业，举办"南通历史文物陈列"、"张謇业绩展"、"张謇故居复原陈列"、"走进自然 探索奥秘——大型科普展"等基本陈列。

地址：江苏省南通市濠南路3号
邮编：226001
电话：0513-5516233 551358
E-mail:bwy233@sina.com

交通指南：8路、51路公交汽车。

奇珍国宝皮囊壶

在南通博物苑众多的藏品中，有一件国宝文物备受人们的关注，它就是被誉为"镇苑之宝"——越窑青瓷皮囊壶。此壶烧造于晚唐时期，器形是模仿北方游牧民族使用的皮制水囊。整个器形浑圆饱满，器身通体施淡青绿色釉，釉色纯正、光洁莹润。制瓷艺人匠心独运，就连皮革的缝合线、铆钉等都能模仿得惟妙惟肖。

皮囊壶是北方游牧民族为适应马上生活而使用的日常生活用品。由于其造型别致，深受人们喜爱，到了唐代便出现了金属、陶瓷的仿制品。越窑是我国瓷业史上著名的瓷窑，窑场主要分布在浙江绍兴、上虞、余姚等地。唐代，越窑烧制的青瓷器达到很高水平，这件青瓷皮囊壶正是越窑鼎盛时期的产

带你走进博物馆

品。它的珍贵之处,不仅在于器物本身的精美,还在于这一北方形制的器物竟出自南方精巧的窑工之手,成为我们研究古代南北文化、多民族文化交流的宝贵实物资料。

撰稿:葛云莉

摄影:金　锋、张炽康

井冈山革命博物馆

井冈山革命博物馆是1958年经国家文物局批准兴建、1959年国庆十周年正式对外陈列开放的我国第一个地方性革命博物馆。该馆坐落在当年井冈山军事革命根据地的中心茨坪，整个建筑既有秀丽典雅的南方特色，又具古香古色的大屋顶民族风格，与被毛泽东主席称之为"南天奇岳"的井冈山主峰和井冈山革命先烈纪念塔、烈士纪念碑、烈士陵园和井冈山挹翠湖高低错落，相映生辉。在巍巍罗霄山上，在群峰环抱之中，山、塔、碑、园、湖、馆，色调和谐，浑然一体。1962年3月，朱德委员长亲笔题写"井冈山革命博物馆"馆标。馆内收藏革命文物6660件，文字资料5000多份，图片4000余幅，珍藏党和国家领导人、著名书画家及社会各界知名人士的墨宝真迹数百幅；保存毛泽东、朱德等老红军重上井冈山的影视资料数十件；负责保护管理毛泽东、朱德等领导人的故居及革命遗址40余处，是研究中共党史和毛泽东思想的重要阵地。

井冈山革命博物馆自建馆至今，主要的

展览内容是井冈山革命根据地建设的基本陈列并辅之以各个革命旧居旧址的原状陈列，还有中共湘赣边界特委、小井红军医院和朱德、陈毅、贺子珍、王佐、陈毅安著名历史人物的生平专题陈列以及"井冈山精神"巡回展览等各种陈列展示。几十年来，共接待158个国家的国际友人，近3000万人次的国内观众和毛泽东、朱德、邓小平、江泽民、胡锦涛等200多位党和国家领导人以及500余万人次青少年学生来馆参观。

朱德的扁担

在井冈山斗争时期，湘赣两省敌军在对根据地进行军事进剿的同时，还实行了严密的经济封锁。当时，五大哨口之内的井冈山，是个"人口不满两千，产谷不满万担"的地方，为了巩固井冈山革命根据地，就必须准备充足的粮食，以对付敌人的进犯。

1928年冬天，井冈山军民掀起了一场轰轰烈烈的挑粮运动。战士们纷纷踊跃报名参加挑粮，身为军长的朱德也和大家一同去挑粮，他和战士们一道下山，背着布袋，挑着箩筐，顶风冒雨，跋山涉水，往返一百多里，走在崎岖不平的山路上，从宁冈挑粮到井冈山的大小五井。当时，朱德同志年纪较大，已是四十多岁的人了，而且工作又忙，战士们见他日夜操劳，都劝他不要去了，可是朱德同志却以军人特有的爽朗坚定地说："我身体很好，军事工作可以早晚安排时间处理，挑粮不能不去！"战士们见劝不住他，就把他的扁担藏了起来。谁知，朱德又到炊事员那里借了根扁担继续挑粮。战士们乘他不注意，再次将他的扁担藏了起来。后来，朱德干脆就请军需处的同志为他削了第三根扁担，并且写上"朱德扁担，不准乱拿"这八个字。

朱德军长坚持和战士们一道下山挑粮的故事，迅速在部队中传开了。从此，朱德扁担的故事就传遍全国，名扬四海。

撰稿：高 平

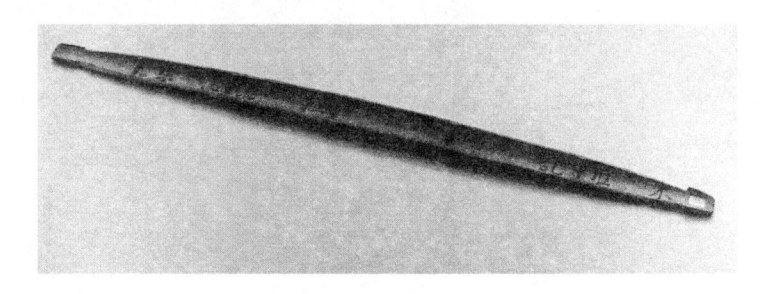

百馆百宝

山东省博物馆

山东省博物馆是新中国成立之后建起的第一座省级综合性地志博物馆,始建于1954年8月,1956年2月正式对外开放。馆藏丰富,精品荟萃,是全省文物的收藏中心,共收藏各类历史文物、自然标本近20万件,占全省藏品的四分之一。

为了满足观众的需要,山东省博物馆的馆藏精品陈列不断推陈出新。"馆藏明清服饰展"蟒服旗袍满绣着龙飞凤舞,奏响最华美的乐章;"齐鲁瑰宝展"陶器质朴、青铜凝重、瓷器璀璨、玉器温婉,驻足欣赏,在迷人的远古气息中感受一份辉煌与沉静;"石刻艺术精品展"再现了山东古代石刻艺术的辉煌,清冷的石头上照例刻出热烈的情感。从古老中走出,再换一种心情,看看奇妙的自然世界,巨型的山东恐龙、珍稀的大熊猫、

金丝猴化石……把你带进另一个妙不可言的世界。

地址：山东省济南市经十一路14号
邮编：250014
电话：0531-2957734
交通指南：从火车站乘K51、长途汽车站乘K68即到。

戗金云龙纹漆箱

戗金云龙纹漆箱，山东邹城明鲁王朱檀墓出土，是国宝级的文物。

整个漆箱，共分三层：上层为套盒；中空；下层是抽屉，木胎，内置冕、袍、靴等物。内外均涂朱漆，箱顶及四侧以戗金云龙纹装饰。

漆器的戗金工艺，是宋代的新创造，即用勾刀在漆面上雕刻出纤细的花纹，然后在刻纹中填上金粉，这样自然形成金色的花纹。戗金云龙纹漆箱的戗金工艺极为熟练，运刀迅疾，刚劲挺秀，金色闪烁，光彩夺目，是明初戗金工艺的典范。

箱的顶部及四侧面均饰团龙纹，龙有五爪，闭口披发，细鳞卷尾。中国的历代帝王为了显示地位的尊贵，常常动用大量的人力物力来修建陵墓，鲁王朱檀虽然因吞食丹药，荒唐而死，其陵墓仍然富丽奢华，墓室可称得上是一座规模宏大的地下宫殿，随葬的各类珍贵文物有1000多件，戗金云龙纹漆箱是其中之一，无不体现了朱檀生前的高贵地位。

撰稿：纪 东 禚柏红

济南市博物馆

济南市博物馆主要担负全市可移动文物的收藏保管、陈列宣传和科学研究工作。

该馆馆藏文物已达2万余件。所藏文物尤以历代绘画、法书、青铜器、陶瓷器、碑刻及济南战役文物等较具特色和影响。20世纪60年代初，还先后在趵突泉和大明湖公园内，创建了宋代著名词人李清照纪念堂和辛弃疾纪念祠。此外，近年来实施了北齐道贵壁画墓就地保护工程、元代壁画墓整体迁移保护工程等。

为了充分发挥博物馆的功能作用，该馆积极围绕"展"字做文章，先后举办"博物馆里的宝"、"馆藏古代书画"、"济南市出土文物"、"济南洛庄汉王陵首期出土文物精品展"、"迈向21世纪的济南"等逾百个专题陈列和临时展览。基本陈列现为"古城辉煌——济南历史暨馆藏文物展览"，其布局格调古朴典雅，陈列内容丰富新颖，民族文化博大精深，颇受中外观众欢迎。

地址：济南市经十一路30号
邮编：250014
电话：0531-2959200
交通指南：K54、64、85路到市博物馆站下；44、66路到千佛山站下；2、48、K56、游68路等到舜耕路站下。

彩绘乐舞杂技陶俑

彩绘乐舞杂技陶俑，1969年出土于济南市无影山西汉墓葬。

我国的音乐、舞蹈和杂技表演艺术，历史悠久并源远流长。西汉建立以后，乐舞杂技艺术日益丰富精进，发展到一个新的水平。史载，元封三年（前108年）春，武帝在长安未央宫举行盛大"角抵戏"表演，京都周围观众如潮。所谓"角抵戏"，其实是汉代音乐、舞蹈、杂技等各种表演艺术的总称，所以又被称为"百戏"。百戏在两汉时代，风靡城乡，久盛不衰。这组西汉彩绘乐舞杂技陶俑即展现了两千多年前观赏和乐舞杂技表演的完整场面。

陶俑共21尊，其中乐工、表演者和观赏者各为7尊，分别被捏塑固定在一个长67厘米、宽47.5厘米的陶盘上。陶盘中心有七俑进行乐舞杂技表演。陶盘后侧为伴奏乐队，展现了当时乐队组合及其演奏的情景。

往事已越千年，功名为尘土，只有不朽的艺术成就存留下来。这组陶俑群简朴古拙、布局井然，以洗练概括的手法，真实地展现了两千多年前我国的杂技艺术水平，生动地再现了当时乐舞杂技生动活泼的情景。时代这样早的乐舞杂技的立体形象，在我国还是首次发现，具有极高的历史、艺术和科学价值。1971年10月，陶俑首次在北京故宫博物院公开展出，引起了中外学者及观众的瞩目。后来，又多次到日本、菲律宾等国展出，饮誉海内外。现为"国宝"级文物。

撰稿：何洪源

百馆百宝

青岛市博物馆

青岛市博物馆是一座集历史、艺术为一体的综合性博物馆。

现有馆藏文物10万多件。包括书法、绘画、陶瓷器、玉器、钱币、玺印、甲骨、竹木牙角器等三十余个门类，其中尤以书画、陶瓷器、玉器、钱币等最具特色。另外，还藏有记载青岛自建置以来城市发展的文物资料4万余件。

青岛市博物馆现设有"青岛历史文明之光"大型基本陈列和馆藏明清书画、古代碑刻拓片、近现代书画、历代瓷器、历代货币、古代工艺品、国际交往礼品等七个文物专题陈列。展品上起新石器时代，下至明清至近代，多为历代名作。

地址：青岛市崂山区梅岭路27号
邮编：266061
电话：0532-8893335（总机）8897227

带你走进博物馆

网址：http://www.qingdaomuseum.com
交通指南：104、301、304、311、312、313、362、230、321、317等路公交车到达。

北朝石造像

在青岛市博物馆的陈列大厅内，陈列着一组雕琢精美的北朝石造像，由两尊较大的阿弥陀佛、两尊胁侍菩萨及两座石碑组成。

这四尊石造像分别形成于北魏和北周时期。较大的两尊造型基本相同，各重30吨，高一丈八尺，故俗称"丈八佛"。佛像体态呈迎风挺立式，生动逼真。另两尊菩萨石造像造型服饰也基本一样，从形象上看一是"大势至"，一是"观世音"，都是阿弥陀佛的胁侍菩萨。两座石碑，一块是半圆形螭纹造像碑首，碑额阳刻两行篆书"双丈八碑，苏公之颂"。另有一半圆首长方形"龙泉寺记"石碑，碑文字迹模糊已难辨识。

这组石造像虽无铭文纪年，但从造型、服饰、莲座以及雕刻技法等方面考证，两尊"丈八佛"的建造年代应在北魏的景明、正始之后的北齐北周之前，从它们身上，可以明显地看到北魏孝文帝汉化政策施行后，反映到佛教雕塑艺术上的风格。两尊菩萨造像则是北齐至北周的作品，都距今已有1400余年的历史了。它们不仅展现了我国古代劳动人民高超的创造才能和聪明智慧，同时对研究我国古代宗教和文化艺术史方面都具有重要的参考价值。

撰稿：王 莉
摄影：高卫兵

潍坊市博物馆

潍坊市博物馆现分新、老两馆。老馆在"十笏园",新馆是目前国内地市级规模最大的馆。

新馆设三大展区,一为潍坊简史馆,细分为"文明曙光"、"三代英华"、"汉唐风韵"、"宋清撷珍"与"古城沧桑"五部分。同时,该馆还辟有馆藏书画精品展和民俗与民间艺术展厅。

二为古生物展厅,展示有名的临朐山旺古生物、诸城恐龙化石和潍坊白浪河流域的古菱齿象化石等近百件展品,陈列形式是复原远古生态环境,观众有身临其境之感。

三为科普馆,分"生命奥秘"、"家园呼唤"、"科学真谛"、"地球纵横"与"智能超人"等五大部分。

该馆现藏有历代文物达两万余件,其中以史前陶器、明清书画最为精绝。

新馆地址:潍坊市开发区东风东街198号
邮编:261041
电话:0536-8889722
老馆地址:潍坊市潍城区胡家牌坊49号
邮编:261021
电话:0536-8326033
新馆交通指南:自火车站乘20、52路公共汽车或乘16路环城车。
老馆交通指南:自火车站乘1、3、22路公共汽车或乘16路环城车。

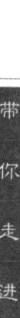

郑燮《峭壁兰轴》

郑燮（1693～1765年），字克柔，号板桥。江苏兴化人。曾任山东范县县令（1742～1746年）、潍县县令（1746～1753年），是清代著名书画家、"扬州八怪"之一。他思想活跃，诗、书、画的造诣很高。画尤擅兰、竹、石。

该画是郑燮传世作品中少见的大幅力作之一。表现了郑燮所作兰、石的纯美意趣，以及工于布置全局、把握整体、细心经营、挥洒成章的作风，堪称为一幅诗、书、画三结合的精妙之作。

此画布局开阔严整、简洁清晰。笔墨放纵酣畅淋漓，浓淡格润点染得体，形成了苍劲挺拔、磊落潇洒的独特风格，更有一种清高拔俗，自然天成的趣味。

郑燮不但以画法笔法入书，而且以书法笔法入画，可谓书中有画，画中有书。此画的题跋是以其独特的带有兰、竹笔法的行楷书题于画面，古秀遒劲，飘然有致，不仅起到了补叙画意的作用，而且给以精美的书法艺术享受，是画面不可缺少的有机部分，更使此画交相辉映，相应成趣。

撰稿：谭霭岚

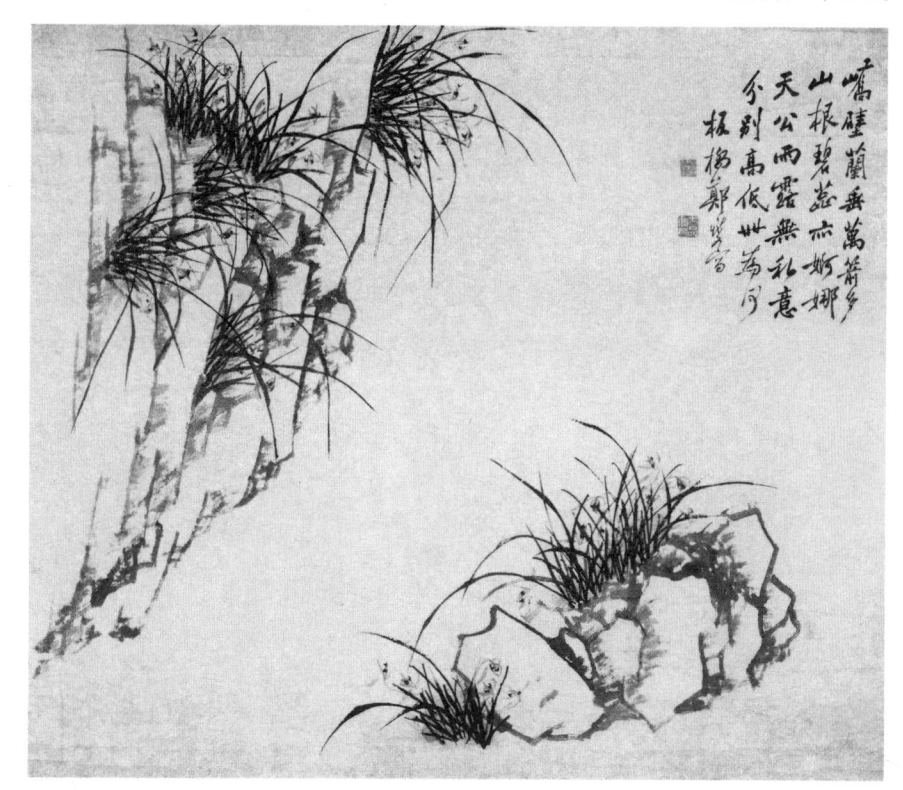

百馆百宝

中国甲午战争博物馆

中国甲午战争博物馆是以北洋海军和甲午战争为主题内容的纪念遗址类博物馆,是全国重点文物保护单位"刘公岛甲午战争纪念地"的管理保护机构,馆址设在威海市刘公岛原北洋海军提督署。开放参观的文物景点有:北洋海军提督署、龙王庙、丁汝昌寓所、水师学堂、古炮台、北洋海军将士纪念馆等。运用声电光、多媒体、舰船模型、塑像等陈列手段,生动形象地展示了北洋海军与甲午战争的历史风云、形成了融文物古迹与海岛风光于一线、寓教于游的游览格局,成为开展爱国主义教育、海洋观与海防观教育的理想场所。

地址:山东省威海市刘公岛
电话、传真:0631-5324184(刘公岛办)
电话、传真:0631-5226357(威海市内办)
邮编:264200

网址：http://www.jiawumuseum.com
E-mail:jiawumuseum@163169.net
交通指南：在威海市旅游码头乘旅游船，20分钟即可到达。

"济远"舰克虏伯前双主炮

在中国甲午战争博物馆的馆藏文物中，有国家近代一级文物39件，其中从海底打捞出水的"济远"舰前双主炮，堪称"镇馆之宝"。

"济远"舰是北洋海军的主力钢甲巡洋舰，从德国伏尔铿船厂订造，装配在舰首的双联装主炮，系由著名的德国克虏伯兵工厂制造，炮身长7.4米，口径210毫米，每门重达20余吨，最大射程6500米，是当时最先进的后膛平射炮。

1894年，中日甲午战争爆发，"济远"舰参加了著名的丰岛海战和黄海海战。随后，"济远"舰参加了甲午威海卫保卫战。1895年2月，"济远"舰被俘，编入日本联合舰队。

1904年参加日俄战争，在旅顺口海域触雷沉没。

1986年，"济远"舰前双主炮被打捞出水，成为世所仅存的口径最大的舰炮，是研究近代海军武器装备的珍贵实物。1992年7月，历经百年沧桑、沉没海底82年之久的"济远"舰前双主炮，入藏中国甲午战争博物馆。

如今，这两门大炮雄踞于甲午故地刘公岛，时时警醒、告诫后人"勿忘国耻，居安思危，振兴中华"。

撰稿：孙园园
摄影：施玉森　毕可江

百馆百宝

河南博物院

在河南省省会郑州市区的北部，有一座造型奇特、颇似埃及金字塔的大型建筑格外引人注目。它下大上小，稳如基石，大气质朴中所透出的厚重感，常常会吸引过往的行人驻足观望，这就是1998年5月1日落成开放的国家级大型历史艺术类博物馆——河南博物院。

河南博物院的前身是河南省博物馆，创建于1927年，在走过七十年的风雨历程后，通过发掘、收购、捐赠等方法，使河南省博物馆的藏品由解放前的濒临告罄发展到今天的13万件。主体建筑的造型取材于13世纪的古老建筑登封观星台，八个附属建筑以对称的形式井然有序地环绕其周围，寓意"九鼎定中原"，昭示着河南在中国历史上的核心地位。

河南博物院现推出的展览有"河南古代文化之光"、"中原丰碑"两个基本陈列；六个独具特色的专题陈列"河南古代玉器馆"、"河南古代建筑明器馆"、"楚国青铜艺术馆"、"明清工艺馆"、"河南古代石刻艺术馆"、"天地经纬"，展品上迄远古、下到明清，涵盖青铜、陶瓷、漆器、牙雕、佛教造像、碑刻等诸多种类，共计3000余件，分布于十六个展厅，从不同角度揭示河南古代文明的辉煌与发展轨迹，并以诗化的语言、独特的编排体系，带你走入一个科学与艺术完美结合的新境界。

地址：河南省郑州市农业路8号
邮编：450002
电话：0371-63511237
网址：htttp://www.chnmus.net
交通指南：乘32、39、42、61、69、72路公交车，均可到达（32、39路由火车站始发）。

莲鹤方壶

我国的青铜文化历史悠久，上下共延续了1800年之久，就其发展历史来看，它先后经历了两个高峰期，一是商代晚期到西周早期，二是春秋战国时期。莲鹤方壶就是我国青铜艺术进入第二个高峰期所产生的极具时代特征的代表性器物。

在我们开始对莲鹤方壶进行赏析之前，我们首先了解一下什么是青铜。青铜，是铜锡或铜铅的合金，因质地为青灰色，所以，称其为青铜。我国目前发现最早、最完整的青铜器是出土于河南偃师二里头夏代文化层中的铜爵和铜铃，由此揭开了中国青铜文化走向繁荣的序幕。春秋战国是我国历史上波澜壮阔、继往开来的一个重要时期。社会的动荡，意识形态的变化，对青铜艺术的发展产生一定的影响，具体表现为大型厚重的王室之器减少，神秘、威严的装饰花纹渐渐隐没，取而代之的是精巧、实用、种类繁多的诸侯之器，装饰风格趋于写实生动。

莲鹤方壶，1923年新郑出土。壶在古代归属为酒器，是青铜礼器的重要组成部分。莲鹤方壶是时代的产物，游动的龙螭、怒放的莲花以及展翅欲飞的仙鹤正是两种体制、两种观念对抗、交融的体现。

莲鹤方壶除了它显而易见的时代特征之外，其铸造工艺也令人赞叹不已。铜壶体积高大，工艺复杂，浇铸时需多人密切配合才能完成，其装饰采用平面、立体、浮雕、圆雕、镂空等多种手法，这种复杂的装饰必须使用先进的分铸、合铸及焊接工艺来完成，反映了中原地区高度发达的青铜文明。由于此墓不是科学发掘，墓的原貌已被破坏，估计墓主人可能是郑僖公。铜壶共出土两件，由于体积高大，装饰华丽，估计是郑国国君的陈设品，是主人地位、财富、实力的象征。

莲鹤方壶是我国青铜艺苑中的一件稀世珍宝，为使这批珍贵文物得到很好的保护，1927年在冯玉祥将军的促成下，建立了河南省博物馆，莲鹤方壶成为河南省博物馆的首批藏品，已走过七十多个风雨春秋，成为河南博物院的"镇馆之宝"。如今作为中国青铜文化的典范之作，它曾多次巡展世界各国，那美丽的花纹，气势恢弘的王者风范，震撼着每一个造访者的心灵，它无愧于国之瑰宝。

撰稿：赵唯唯

洛阳博物馆

洛阳博物馆创建于1958年,是洛阳地区唯一的一座综合性历史博物馆。其主展楼是一座具有浓郁民族风格的仿古建筑,馆标为董必武先生所题。

洛阳博物馆集收藏保管、科学研究、宣传教育于一体,迄今为止,已收藏文物达40余万件。它们以丰富的历史内涵,精湛的工艺在国内外享有盛誉。这里收藏的青铜器、陶瓷器、金银器和玉石器等是河洛文化和华夏文明的缩影。

该馆现有的基本陈列是"永恒的文明·洛阳文物精品陈列",该展览是1999年十大精品陈列之一。2004年10月我馆又成功举办了"魅力洛阳·河洛地区文物考古成果精华展",受到国内外观众的一致好评。

地址:洛阳市中州中路298号
电话:0379-5295901 5295921

邮编：471000

网址：http://www.luoyangmuseum.com

交通指南：从火车站乘坐40、102、103路公共汽车到市中心医院下车，向西200米即到。

至纯至美的白玉杯

在洛阳博物馆众多的文物精品中，有一件洁白无瑕的白玉杯格外引人注目。它以凝润细腻的质地，清逸素雅的风格，令无数观众油然而生一种美在天然的真切感受。

白玉杯是1958年在洛阳涧西曹魏正始八年（247年）墓出土的一件稀世珍品。经考证认为，这件玉杯是墓主人生前饮酒的实用器。玉杯采用了中国名贵的新疆和阗白玉琢制而成，由于和阗玉质纯净洁白，有一种类似于羊脂般朦胧温润的凝脂感。因此，古人称它为"羊脂美玉"。魏晋时期，受长期战乱的影响，通往西域的贸易受到阻碍，致使新疆和阗玉在内地日渐稀少，精美的玉器更是极其罕见。因此，我馆所藏的这件曹魏白玉杯就显得特别珍贵。

白玉杯的主人应该是曹魏时期的文人雅士。从它身上，我们可以领略到自然之美和文人之美的和谐统一，也感受出墓主人深沉的人生态度和崇高的精神境界。所以，在这馆陈列的众多文物精品中占有独特地位。

撰稿：冯 健

摄影：孙海岩

南阳汉画馆

南阳汉画馆是目前我国建馆最早、藏品最多、规模最大的一座汉代画像石刻艺术博物馆。馆藏汉画像石总量已达2500余块，主体建筑是一座仿汉代建筑风格的陈列大楼。楼内共设9个主展厅和3个临时展厅。展厅内陈列着172块精品汉画像石（148幅画面），按画像内容分类展出，依次为：生产劳动、建筑艺术、历史故事、社会生活、天文与神话、角抵、舞乐百戏及祥瑞升仙八大部分。南阳汉画像石的基本陈列以突现汉画像石"古拙雄浑"的时代风格为陈展设计特色，通过采用现代化的装饰材料和独特的设计构思，展厅内充满了一种浓郁的汉代文化氛围，尤其是模拟夜空群星闪烁的圆形穹隆顶天文厅，使人耳目一新。"南阳汉画像石陈列"曾荣获"2000年度全国十大陈列精品"称号。

地址：河南省南阳市车站南路
邮编：473000
电话：0377-3512604
交通指南：从火车站乘16路车即到。

许阿瞿汉画像石

在南阳汉画馆收藏的2500余块汉画像石中，有一块令人伤感的"灵石"，因为许多游客在观看了这块石头后，都不禁会扼腕叹息，感慨不已。

在这幅画像的左边刻有一段铭文，共136字，是用流行于汉代的"隶书"镌刻而成。铭文记述了一件发生在距今将近两千年前的一个令人悲伤的故事:"(东汉)建宁三年(170年)三月十八日,一个哀痛的日子,刚满五岁的许阿瞿在这天离开了人世。他去了,去那黑洞洞的地方,不见日月,也不见星辰,小小的灵魂啊,孤零零地在那幽深的冥府里停留,永远与世隔离,再也见不到他了……"由此可知,右边画像中那位在观看舞乐表演的小孩正是铭文中所说的不幸早夭的"许阿瞿"。从铭文中人们还了解到,许阿瞿从小瘦弱多病,父母为了他的健康日夜操劳,花了不少钱,希望他能长大成人。然而,谁料他小小的年纪就远离亲人。在黑暗的旷野里,路人时常能听到他的啼哭。为此,他的父母决定重修许阿瞿的坟墓,以安抚幼小的灵魂。这块石头就是第二次修建墓葬时所使用的建筑石材。

许阿瞿汉画像石不仅向后人讲述了一个动人的故事,而且还通过画像生动直观地反映了汉代社会各阶层的生活场景和东汉时期文化艺术的繁荣景象。尤其是画像左边的墓志铭,从其"建宁三年"可知,这是我国目前发现的最早的墓志铭。同时,其隶书字体雄浑劲挺,具有较高的书法价值和艺术价值。因此,许阿瞿汉画像石是一块蕴藏着丰富汉代历史文化信息的"宝石"。

撰稿:孙怡村

湖北省博物馆

湖北省博物馆筹建于1953年，是湖北省最重要的文物考古发掘、收藏征集、保护研究、陈列展览、宣传教育机构。馆藏文物20余万件，其中珍藏有国家一级文物800余件，国宝级文物16件。

1978年，湖北省博物馆在湖北随县（今随州市）发掘了一座战国早期曾国国君的墓葬——曾侯乙墓，共出土文物15000余万件，其中青铜编钟、尊盘、金盏、十六节龙凤玉佩、二十八星宿图、衣箱等都是罕见的国宝级珍品。特别是65件青铜编钟所展示的高超铸造技术和良好音乐性能充分反映了我国先秦时期青铜艺术的辉煌成就。1999年1月，用于展出曾侯乙墓出土文物的专题陈列馆——"编钟馆"落成并对外开放。在这里，观众可以详尽地了解曾侯乙墓这一重大考古发现，欣赏到以编钟、编磬为核心，辅以瑟、埙、笙、建鼓、排箫等古代乐器演奏的古今中外的乐曲。

地址：武汉市东湖路156号
邮编：430077
电话：027-86794127 86783171
网址：http://www.hubeimuseum.net
交通指南：可乘坐14、578、108、552、709、701、402、605、411、712路来馆。

曾侯乙编钟

1978年，在湖北省随县（今随州市）发掘了一座战国早期曾国国君的墓葬——曾侯乙墓。经专家考证，曾国是当时与周天子同姓的姬姓国，也是文献上有记载的随国，"乙"是墓葬主人的名字。曾侯乙墓中出土了15000多件文物，其中，曾侯乙青铜编钟尤为珍贵。

什么是编钟呢？编钟是由大小渐次的青铜钟相编排而成的打击乐器。在中国，早在5000年前就已经有了陶质的单体钟、铃，到了商朝中晚期，由三五件铜钟组成的编钟已经成批出现，而在春秋战国时期，编钟进入了它的鼎盛时期。曾侯乙编钟正是中国编钟鼎盛时期的经典之作。

全套曾侯乙编钟共65件青铜钟，分为三层八组，悬挂在由六名青铜佩剑武士用双手承托的曲尺形钟架上。全套编钟总重量为2500多公斤，再加上钟架上的铜套、铜立柱、铜座等，总用铜量达5吨之多，是世界上使用金属最多的一套乐器。

曾侯乙编钟最为奇特的是，一口钟可以敲出两个不同的乐音。根据编钟铭文所示，敲击钟体下部的正中和侧部可以分别发出两个不同的乐音，而且这两个乐音之间成三度关系。经过科学测定和演奏实践证明，曾侯乙编钟，不仅具有七声音阶和完整的十二个半音体系，而且音域宽广，可跨五个半八度。

撰稿：胡伟庆
摄影：郝勤建

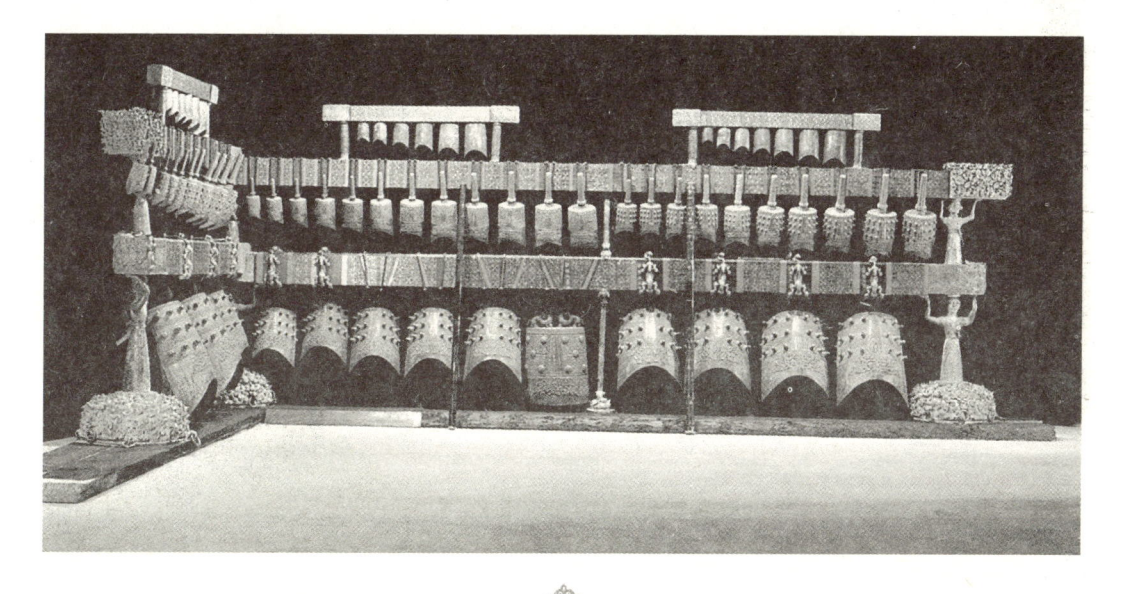

武汉博物馆

武汉博物馆属地志性综合博物馆。目前有两个基本陈列"武汉古代历史陈列"、"走向近代的武汉"和三个专题艺术陈列"历代文物珍藏陈列"、"古代陶瓷艺术陈列"、"明清书画艺术陈列"。其中"武汉古代历史陈列"荣获了第五届"全国十大陈列精品奖"称号。通过武汉历史陈列和专题艺术陈列这两扇穿越历史的窗口,武汉博物馆为观众展示了悠远、凝重、丰厚的中国古代文明和瑰丽多姿、八方交融的江汉区域文化。此外,武汉博物馆还专门设有交流展厅。自开馆以来,这里先后引进和举办了近三十多个临时展览,极大地丰富了武汉博物馆的展览内容,满足了观众的不同需要。

地址:湖北武汉市江岸区洞庭街51号
邮编:430023
电话:027-85872318
网址:http://www.whmuseum.com.cn

青瓷坞堡

青瓷坞堡是武汉博物馆的一件具有代表性的文物珍藏。此件文物于1986年出土于武汉市黄陂区灄口镇一座吴末晋初墓葬。这件文物是一件随葬明器，它是以实物为原型按一定比例缩小制作而成的，表明墓葬主人希望自己在另外一个世界继续过与生前同样的生活。它的制作工艺代表了当时青瓷工艺的上乘水平，是一件不可多得的艺术精品。

文物是社会政治、经济、文化生活的缩影，这座坞堡带给我们怎样的历史信息呢？城堡是防御战乱的产物，东汉末年特别是三国时期，社会动荡、战乱频繁，各地豪强地主为保护自己的私有财产、独霸一方，同时也为了适应家族乡里武装自卫、向往安定生活的要求，他们利用宗族关系，通过自身的政治、经济特权，大量兴建坞堡式建筑。坞堡内的居民多以血缘关系为纽带实行宗族聚居，他们平时进行日常生产、生活，战时参加战斗。坞堡之间必要时可以相互支援。在某种程度上形成了武装割据，而坞堡的主人则是这里的土皇帝。大家熟知的三国演义里的虎将许褚在归附曹操以前就曾在家乡建立坞堡抵御盗匪兵灾。出土坞堡的这座墓葬的主人可能是当时称霸于黄陂灄口一带的豪强地主。

总之，这座青瓷坞堡为我们研究吴末晋初的政治、经济生活、建筑风格、青瓷制作工艺提供了宝贵的实物资料。

撰稿：夏建建

摄影：郑自斌 曾智德

辛亥革命博物馆

辛亥革命博物馆（原名辛亥革命武昌起义纪念馆）是中国唯一的一座以纪念辛亥革命为主题的博物馆。

博物馆旧址是清末的湖北省咨议局，位于武昌蛇山南麓，1910年落成，是一处典型的中西合璧式的建筑群。其主体建筑是二层红色楼房。1911年10月10日，辛亥革命武昌起义一举成功。次日，革命党人在这里建立了中华民国军政府鄂军都督府，宣告废除清宣统年号，建立中华民国，号召各省响应武昌起义。这是中国历史上第一个资产阶级革命政权，一度代行了中央政府的职能。此后，全国各地纷起响应，结束了中国长达两千余年的封建帝制。

辛亥革命博物馆收藏有辛亥革命文物数千件、历史照片1万余幅、图书资料2万余册，基本陈列有"鄂军都督府旧址复原陈列"和"辛亥革命武昌起义史迹陈列"。

地址：湖北武昌阅马场武珞路1号（红楼）
邮编：430060
电话：027-8845372 88875306
网址：http://www.1911museum.com
交通指南：108、522、701、411、608、401、402、10、64等多路公共汽车均可到达。

五国领事中立布告

英、俄、法、德、日五国驻汉领事中立布告，摄于1911年10月中下旬，是由参加武昌起义的革命党人李白贞拍摄、保存、捐献的。

1911年10月10日，随着武昌起义的胜利和鄂军都督府的建立，沐浴过欧风美雨的湖北革命党人立即展开外交攻略。10月12日，中华民国军政府鄂省都督黎元洪照会汉口各国领事并转呈各国政府，内容包括所有清国前此与各国结之条约，皆继续有效等。

鄂军都督府的照会审时度势，情理兼备。作为对军政府外交照会的回应，10月18日，英、俄、法、德、日驻汉五国领事发布了关于严守中立的布告："驻汉英、俄、法、德、日领事为布告严守中立事：现值中国政府与中国国民军互起战争。查国际公法，无论何国政府与其国民开战，该国国内法管辖之事，其驻在该国之外国人，无干涉权，并应严守中立，不得藏匿两有关系之职守者，亦不得辅助何方面之状态。据此，本领事等自严守中立，并照租界规则，不准携带军械之武装人在租界内发现，及在租界内储匿各式军械及炸药等事。"

与清朝有着外交关系的英、俄、法、德、日五国，能在武昌起义后，宣布遵守国际公法，严守中立，承认民军为交战团体，这折射出反清革命洪流的波澜壮阔和势不可挡，也无疑有利于辛亥革命的顺利进展，体现了革命党人的政治智慧和外交谋略，是鄂军都督府取得的重大外交成果。

撰稿：陈少蓉

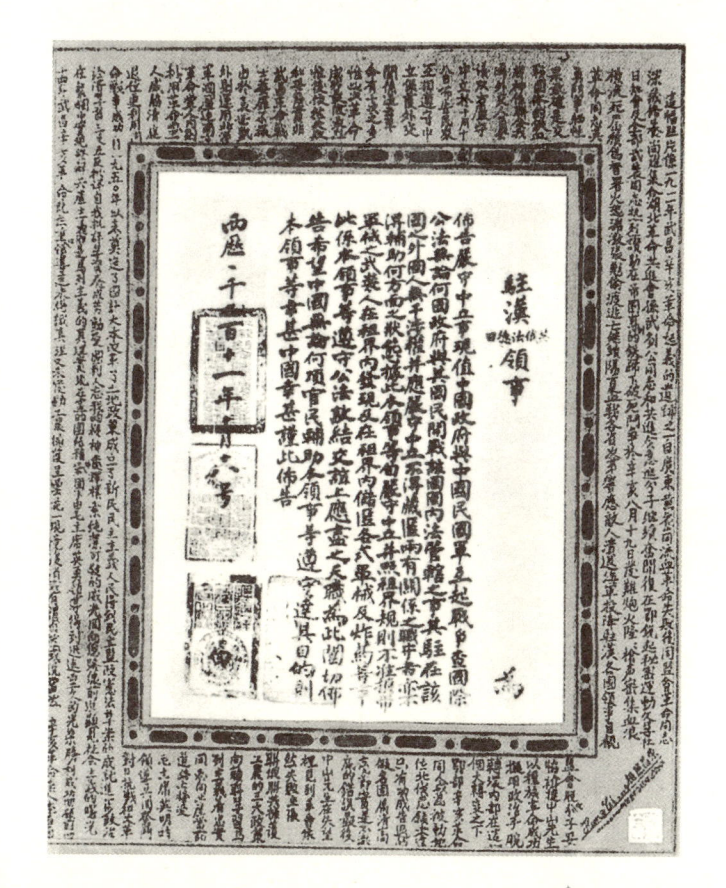

荆州博物馆

荆州博物馆位于国家历史文化名城荆州城西门内侧，是一座融陈列展览、宣传教育、文物保护、田野考古、文物收藏、科学研究为一体的地方综合性博物馆。

荆州博物馆馆藏文物13万多件，其中一级文物300余件。楚国和秦汉时期的漆器逾万件，是全国收藏古代漆器数量最多的博物馆，楚和秦汉简牍数量在全国居第一，战国丝织品更以其时代早、品种多、保存完好而闻名中外，被专家学者誉为世界"丝绸宝库"。此外，还有保存完好的珍贵的西汉古尸。

荆州博物馆先后推出了"江汉平原原始文化展"、"江汉平原楚汉文化展"、"传世文物展"、"荆州出土简牍文字展"、"荆州凤凰山168号汉墓展"、"古代漆器精品展"、"楚汉织绣品展"七个具有浓郁地方文化特色的专题文物陈列展览。

地址：湖北省荆州市荆中路134号
邮编：434020
电话：0716-8467808
网址：http://www.jzmuseum.com
交通指南：1、14、19、21、33、101路公交车至西门。

战国丝绸

我国是世界上最早养蚕、缫丝、织丝的国家，有丝绸之国的美称。1982年，荆州博物馆的考古工作者，在楚故都纪南城西北16公里处的马山，发掘了一座距今2300多年的战国墓，一大批制作精美、色泽鲜艳的丝织品展现在世人面前，这就是被誉为中国古代地下"丝绸宝库"的马山一号楚墓。

马山一号墓墓主为女性，当时揭开棺

盖，映入人们眼帘的是满棺五颜六色、华贵艳丽的丝绸。包括绢、罗、锦、纱、绮、绦、组、绶，另有大量刺绣品，几乎囊括了战国时代所有丝织物的品种；按服饰的类别划分，有棉袍、棉裤、夹衣、单衣、秋衣、鞋、帽等，共计35件，包罗了先秦时期服饰类别的全部。

绢，是一种平纹织物，质感细薄；绫罗绸缎的罗，是一种绞经网孔状织物，特点是轻薄如蝉翼，光滑透气性好，穿在身上凉爽宜人；锦，是一种经线提花织物，是丝织物中的精品，因而人们常用"锦上添花"来赞喻美好事物的尽善尽美。该墓出土的舞人动物纹锦，幅宽50.5厘米，以红、黄、棕三种颜色的丝织造出横向排列的龙凤、麒麟和歌舞人物图案，使用了7000多根经线织造，证明当时已经有了相当先进的提花织机和熟练的织造技术；绦，是用于装饰衣物的一种丝织窄带，其组织结构可分为纬线起花绦和针织绦两大类，针织绦编织技术的发明，把我国针织技术起源的历史 提到了公元前3世纪左右。

尤其珍贵的是该墓出土了一件黄绢绣花棉衾。衾，就是古人睡觉时盖的被子。这件被子呈正方形，长、宽均为1.9米，设计很科学，正上方有一凹口（见左下图），凹口容颈，两侧突出的地方用来裹肩，睡觉时肩膀不外露，因而不易着凉，而且衾的头和脚分得很清楚，既卫生又实用。绣衾的花纹也很引人注目，对龙对凤，左右排列，并间以花草相连，头上长角的龙，张牙舞爪，气势威猛，咄咄逼人；张开双翅的凤鸟，相对而立，各自回首后顾，情意绵绵。整幅画面构图简练，线条流畅，造型生动，针法娴熟，真不愧是绣品中的上乘之作。

红绢绣花棉裤，由裤腰和裤脚两部分组成，为高腰、收脚，似灯笼裤，后腰敞开，形成开裆。裤腰宽95厘米，裤长116厘米。关于裤子的起源，学术界历来说法不一，马山一号墓出土的这件棉裤，则是迄今为止发现的年代最早的裤子，堪称"天下第一裤"。

撰稿：李　红

湖南省博物馆

湖南省博物馆于1956年正式建成开馆,是全省最大的综合性历史艺术博物馆、全国优秀爱国主义教育基地和湖南省最佳旅游景点之一。

楼内设有五个常设陈列,包括"马王堆汉墓"、"湖南名窑陶瓷"、"湖南商周青铜器"、"馆藏明清绘画"和"湖南十大考古新发现"。其中"马王堆汉墓"尤具特色,在这里有世界上最轻最薄的丝绸纱衣,有代表古人追求永生的招魂画幡,有大批光亮如新的漆器,但最令人称奇的无疑还是那具历经两千多年而不朽的西汉女尸,这个陈列全面地揭示了汉初社会政治、经济、文化、科学、军事、文化艺术等多方面的发展水平。

地址:湖南省长沙市东风路28号
邮编:410005
电话:0731-4514630
　　　0731-4513123
传真:0731-4514649
电子邮箱:hnmuseum@cs.hn.cn
交通指南:乘303、302、131、146、136、901、150、113路公交车均可到达。

T形帛画

距今2100多年的马王堆汉墓出土瑰宝无数，其中的"T"形帛画显得尤为绚丽夺目。据记载，它被称为"非衣"，形容它"似衣而非衣"。据考证，这种帛画是旌旗画幡一类的物品，在出葬时由人高举着走在仪仗队伍的最前面，以引导死人的灵魂升天，就是俗话所说的"招魂幡"。

这幅帛画用单层的细绢作地，上宽下窄，较宽的部分是广阔无垠的天宫，较窄的部分则是上下重叠的人间与地狱，体现出古人对宇宙的理解和认识。

天宫正中处绘有一个人首蛇身的怪物，它是传说中的"烛龙神"。烛龙神的两侧日月交辉。最大的太阳里面蹲伏了一只黑鸟，古人称之为"金乌"。据研究，这很可能是古人看到的太阳黑子。烛龙的左下边应该是神话中美丽的嫦娥。烛龙的正下面有一个带把的梯形，那是一种乐器——"铎"。即将升天的是人间锦衣华服、手持拐杖的辛追夫人——也就是这幅画的主人，她正前呼后拥地走向天宫。人间的下半段是祭祀的场面。一块白色扁平物隔开人间和地府，这就是古人眼中"天圆地方"的大地。大地被一个赤裸上身的怪物稳稳托起，这怪物是传说中力大无穷的地神"鲧"。据说只有鲧才能稳住兴风作浪的鳌鱼，即他脚下踩踏的这两条丑陋的大鱼，防止发生可怕的地震。

撰稿：夏嫔嫔

韶山毛泽东同志纪念馆

韶山毛泽东同志纪念馆是全国唯一一家系统展示毛泽东生平业绩的纪念性博物馆，辖毛泽东故居、毛泽东读私塾旧址南岸、毛泽东铜像和毛氏宗祠、毛震公祠、毛鉴公祠等景点。自1964年建成开放以来，已接待国内外观众4000余万人次，其中党和国家领导人130余位，外国元首和政府首脑40余位。

该馆作为毛泽东生平业绩陈列馆，集珍藏、研究、陈列、宣传于一体，馆藏毛泽东遗物和与毛泽东有关的文物、资料35000余件，现开放的陈列展室有11间，面积2000余平方米。基本陈列"中国出了个毛泽东"，运用幻影成像、三维动态成像、场景写实等现代科技展示手段，形象地展现了毛泽东的丰功伟绩；专题陈列"毛泽东遗物展"，展出遗物400余件，从工作、学习、情趣等角度展示了毛泽东的人生经历和人格风范；"毛泽东一家六烈士展"，运用珍贵文物和历史图片，讴歌了毛泽东一家亲人为革命英勇献身的感人事迹。

龙钮大印

现珍藏于该馆的毛泽东龙钮方印出自著名篆刻家邓散木先生之手，方印呈立方体，属冻石质地，明黄色。方印边长6厘米，高

5.5厘米。印面为阴刻"毛泽东",印钮为镂空雕双龙。随印还有长11厘米、宽8.5厘米的六彩龙凤祥云图案缎盒一个。

1963年8月的一天,章士钊老人的秘书益知先生在邓散木家提起毛主席十分喜欢篆刻和书法,于是章老想请散木先生为毛泽东治一方印。此时的邓散木已身患癌症,但得知这一消息时,仍随即就答应了下来。他强撑起病体,精心挑选了这块明黄色、顶部有镂空双龙的冻石,反复琢磨、构思,刻就了这枚"毛泽东"印。

此印"毛泽东"三字阴文线条横不平,竖不直,似欹斜荒疏,然而读来大有"自然天成"、"返淳归朴"之感,浑然一体。印的一侧还刻有邓散木苍劲的文字:"一九六三年八月,敬献毛主席,散木缘时六十有六"的字样。章老都由衷地发出赞叹"好个龙钮大印,刀力非凡!"毛泽东在收到此印后,也很喜欢,不时把玩。

撰稿:王 健

广东省博物馆

广东省博物馆馆藏品总数达12万余件（套），地质文物、标本、化石2.5万余件（套）。中国历代陶瓷和书画无论是数量还是质量均居全国博物馆前列。广东出土文物与潮州木雕、端砚最为丰厚，也最具地方特色。

馆内长期设有"国民党'一大'与第一次国共合作史料陈列"、"鲁迅生平与纪念"、"漆木精华——潮州木雕艺术展览"，以及广东历史、自然、海上贸易、陶瓷、书画和工艺等基本陈列。这些根据广东历史文化特点和馆藏优势推出的展览，反映了岭南文化悠久的历史文化积淀和丰富的自然资源。

2003年，广东省委、省政府决定在广州珠江新城建设广东省博物馆新馆，广东省博物馆以广东历史民俗、艺术、自然为三大主要陈列方向，以期形成广东省文物收藏、研究、保护和展示的中心，对全省乃至港澳地区将起着重要的文化辐射作用。

地址：广州市文明路215号
邮编：510110
电话：020-83838432、83832195
传真：020-83858600
E-mail:gdmoffice@21cn.com
交通指南：
越秀中站：543、236、184、80、54、40、11（总站）、50（总站）。
文明路站：541、125、12、65、101、104、106、183、215、227、236。
地铁：一号线：农讲所站。

宋代陈容的《云龙图》

《云龙图》是南宋画家陈容的绘画精品，绢质和色泽十分完好，是用两幅绢拼接而成，是陈容传世的巨幅杰作。画面描绘的是一条飞龙腾跃云天的景象。画家用粗劲的线条勾画出龙的轮廓，以浓淡墨色晕染其主要部位，使龙的形象清晰突出。该图右下有作者自题三字诗一首："扶河汉，触华嵩。普厥施，收成功。骑元气，游太空"，款署"所翁作"，钤朱文方印"所翁"、朱文圆印"雷电室"和朱白文相间印"九渊之珍"。题诗可谓画意的题解，画家绘龙，是要表现龙叱咤风云、势震山河的雄壮意气，赞美龙布雨九土、施恩于民的德泽。

陈容，字公储，号所翁，福建长乐人，南宋端平二年（1235年）进士，曾做过福建莆田太守，是当时享有盛名的一位画龙能手。他的作品真迹，流传下来的并不多，清内府旧藏有《九龙图》卷、《六龙图》卷、《霖雨图》轴等。广东省博物馆所藏的这件《云龙图》轴代表了南宋时期画龙的最高水平，在中国绘画史上具有举足轻重的地位。

撰稿：朱万章

广州博物馆

广州博物馆是地方历史综合类型的博物馆，馆址位于广州市越秀山镇海楼，镇海楼始建于明代洪武十三年（1380年），距今已有六百多年的历史，楼高28米，宽31米，进深16米，红墙绿瓦，雄伟壮丽，是广州著名的高层古建筑。

在镇海楼上有常设的"广州历史陈列"，展览以城市建设为主线，通过丰富的文物史料，反映广州悠久的历史文化、发达的对外交通贸易和近百年来的革命斗争历程，展示广州2000多年的发展特色。

镇海楼的东侧是专题陈列室，各种专题陈列在此展出；在楼的西侧，有1964年建的碑廊和炮座，陈列广州各个历史时期重要的碑刻和明末至鸦片战争时期广州地区铸造的以及洋务运动期间买来的城防铁炮和洋炮。

广州博物馆藏品6万余件（套），分有青铜器、陶瓷器、书画、玉石器、竹木漆器、丝织印染、民族工艺等十多类，以考古发掘入藏的历代文物为主且各具特色。

广州博物馆现管辖三元里人民抗英斗争纪念馆、广州"三·二九"起义指挥部旧址纪念馆。

地址：广东省广州市越秀公园镇海楼
邮编：510030
电话：020-83541035

东汉陶船模

船舶是海上主要交通工具，又是古代海上交通贸易的重要桥梁。1955年在广州先烈路东汉墓出土1件陶船模型，此船模型船体首尾部狭，中部较宽，底平，长54厘米、宽15.5厘米、后宽11.5厘米、高16厘米。

有3个舱室。船上有俑6个，神态各异。船舱架设8根横梁，以增加船体强度，船头有防浪篷，两边各设3根桨架，并系有一锚。从锚的正面看呈丫形，若侧面看则呈十字形。船尾以长桨作舵，是桨向舵的过渡型。两舷有司篙的走道，为客货内河船。陶船出现有舱、锚、舵的先进设置，具有海上航行能力。同时，舵的发明是造船技术上的重大进步，这是目前我国发现最早有舵的船模。船上建楼和船后设舵，两者在我国造船史上的出现，要比欧洲早1000多年。这些不仅说明当时广州的造船业有了较大的规模，而且技术水平也比较先进。

广州造船业发达，航海技术先进，为发展海外交通和海外贸易提供了可靠的保证，从秦汉以来，广州一直是我国的重要港口、海上丝绸之路的起点，为发展海外贸易，做出了不可磨灭的贡献。

撰稿：黎丽明

摄影：莫建超

广东民间工艺博物馆

广东民间工艺博物馆以广州陈氏书院为馆址，成立于1959年，是收藏、研究和展览以广东地区为主兼及全国各地历代民间工艺品的艺术类型博物馆。

广东民间工艺博物馆藏品丰富，有陶瓷、雕刻、刺绣、少数民族工艺等类文物及精美民间工艺品。馆内分别陈列具有浓郁民俗风情和地方特色的广东民间工艺品，长期设有"广东陶瓷"、"广东雕刻"、"广东刺绣"、"广东剪纸、麦秆贴画"等展览。展品有古朴浑厚的石湾艺术陶瓷；金碧辉煌的广州织金彩瓷；精雕细刻的潮州金漆木雕；中国四大名绣之一的"广绣"；高贵典雅的套色蚀花玻璃；玲珑剔透的广州象牙雕刻等。为弘扬广东优秀的传统民间艺术，促进工艺美术事业的繁荣和发展，还经常举办丰富多彩的专题展览和形式多样的艺术讲座，丰富群众的文化生活。

地址：广州市中山七路恩龙里1号
邮编：510170
电话：020-81814559
传真：020-81705098
网址：http://www.cjc-museum.com
开放时间：8：30～17：30
交通指南：地铁一号线，公交车52、133、233、107、104、268等多条路线经过，交通便利。

石湾陶塑公仔"贵妃醉酒"

"贵妃醉酒"是手捏原作,底钤阳文方章"潘玉书制",代表潘玉书中晚年时期艺术造诣的巅峰作品。它是由中国著名历史学家、金石学家、中山大学教授商承祚先生捐赠给博物馆的。

全件物品高32厘米,生动刻画了雍容华贵、婀娜多姿的唐玄宗珍爱的妃子杨玉环在失意时的醉态。

潘玉书,又名麟。自幼学习陶瓷技艺,后师从名师陈渭岩,学习工塑流派技法。工塑是在捏塑的基础上演变,多用木批工具精雕细刻而成型,精致秀美,富有刀锋味,擅长刻画人物性格特征及丰富的内心变化,是石湾陶塑艺术在清中期后发展的一种艺术风格。潘玉书把工塑流派发扬光大,形成独立的完整体系。潘氏人物,尤其是仕女不仅融合了各地民间艺术精华,以及西方绘画艺术的长处于石湾陶塑技艺中,成为民间陶瓷,尤其是石湾陶瓷公仔的典范,赢得了"代表石湾陶塑艺术发展方向"的美誉,其艺术处理手法至今仍深具感召力。

撰稿:李楚宝

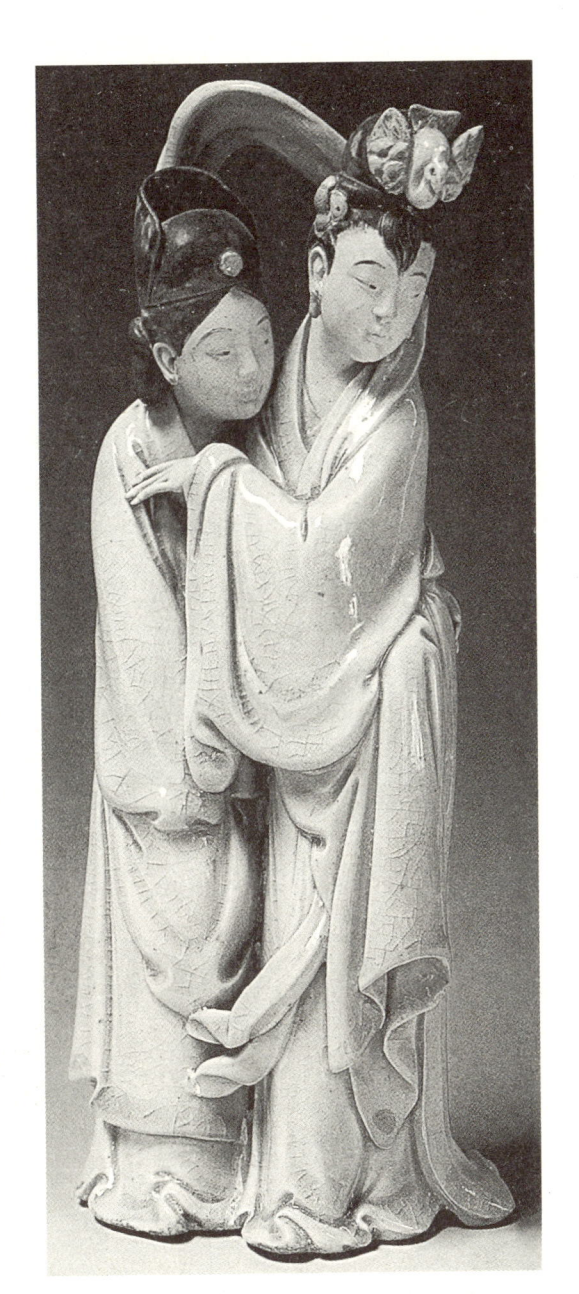

百馆百宝

西汉南越王博物馆

1983年发现的南越王墓,是岭南所见规模最大的唯一的汉代彩绘石室墓。该墓出土文物1000余件(套),其中"文帝行玺"金印、玉角杯、错金铭文虎节、印花铜板模、平板玻璃牌饰等文物具有重大历史、科学、艺术价值。被列为中国20世纪重大考古发现之一,为全国重点文物保护单位。

1988年对外正式开放的西汉南越王博物馆,主要展示南越王墓原址和它的出土文物。

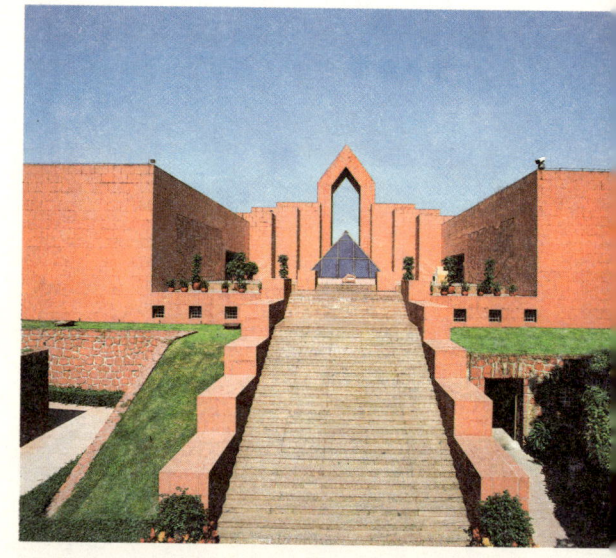

博物馆主体楼

博物馆正门

带你走进博物馆

西汉南越王博物馆

南越王墓室外景

博物馆还展示了杨永德伉俪捐赠的由唐至元不同时期、不同窑口的陶瓷枕艺术。数量之多、品质之精、窑口之广在国内同类收藏品中均属罕见。

地址：广州市解放北路867号
邮编：510040
电话：020-86664920、86672865
网址：http://www.gznywm.yahtour.com
E-mail:gznywm@public.guangzhou.gd.cn

透雕龙凤纹重环玉佩

装饰用玉在南越王墓出土的玉器之中所占比例最大，品类也多，其造型设计和雕镂纹样都极为精美。

透雕龙凤纹重环玉佩，原来盖在墓主头罩的右眼位置，青白玉雕成，土沁呈黄白色。玉佩呈圆璧形，以圆圈分隔为内外两圈。内圈透雕一游龙。两爪及尾伸向外圈；外圈透雕一凤鸟，站在游龙伸出的前爪之上。龙尾和后爪伸向外圈，凤冠及尾羽上下延伸成卷云纹，把外圈空间填满。凤鸟回眸凝望游龙，龙凤似喃喃细语，妙韵天成。这件玉佩雕镂精细，构图完美和谐、主次分明，是汉玉中不可多得的艺术珍品。它的器形图案被选为西汉南越王博物馆的馆徽。

孙中山故居纪念馆

孙中山故居纪念馆成立于1956年11月。分为孙中山纪念展示区、翠亨民居展示区、翠亨农业展示区三大展览区域,形成以"孙中山及其成长的社会环境"为主题,兼具历史纪念性和民俗性的、立体的、多元化的陈列展览体系。孙中山故居是孙中山先生1892年亲自设计和主持建造的,故居室内的陈设保持着1892年至1895年间孙中山经常返乡居住的景貌。1999年落成的陈列展览综合楼——孙中山纪念馆内设有

孙中山故居纪念馆

"孙中山生平史绩"、"孙中山的亲属与后裔"两个固定陈列。通过珍贵的照片和文物,全面系统地反映孙中山的生平史迹、革命精神、思想理论和他所领导的革命运动,展现了孙中山的亲属为他的革命事业所作出的贡献和牺牲以及他的家庭生活。

地址:广东省中山市翠亨村
邮编:528454
电话:0760-5501691
传真:0760-5503738
网址:http://www.sunyat-sen.org
交通指南:中山市汽车总站转乘12路公共汽车即可到达。

孙中山题赠翠亨学校之"后来居上"横幅

孙中山故居纪念馆珍藏着1921年孙中山为故乡翠亨学校题写的"后来居上"横幅,是孙中山唯一一幅为故乡的题字,具有重要的历史和艺术价值。

1921年,孙中山在广州任非常大总统后,翠亨村民到广州,请他从政府经费中拨款兴建家乡学校的校舍。孙中山在热情接待乡亲之余,表示办学要靠群策群力,"满清是我们民众合力推翻的,希望你们各人都来出钱出力,合力来办好学校。"孙中山从自己的月俸中拿出一点钱,并题字"后来居上"送给他们以作勉励。

孙中山先生的这幅题词不仅具有重要的历史价值,而且书法也体现了一代伟人的气魄和精神。"后来居上"四字开阔雄浑,笔势舒敛有致,字字独立却气脉浑整,具有一种正大、沉毅、豪迈的阳刚精神和恢弘独特的美感,堪称是孙中山先生题词墨迹中的精品。

撰稿:黄健敏

带你走进博物馆

百馆百宝

鸦片战争博物馆

  鸦片战争博物馆也称虎门林则徐纪念馆、海战博物馆，坐落于广东省东莞市虎门镇珠江入海口东侧，是一座纪念性和遗址性相结合的专题博物馆。

  鸦片战争博物馆负责对林则徐销烟池与虎门炮台旧址以及历史文物管理、保护，并利用好这些文物资料向广大观众进行爱国主义宣传教育。

  该馆的基本陈列是"林则徐禁烟与鸦片战争史实陈列"、"鸦片战争海战陈列"以及"虎门海战半景画"。

地址：广东省东莞市虎门镇解放路88号
邮编：523900
电话：0769-5512065
网址：http://www.yb-china.dg.gov.cn

销烟池

  销烟池位于虎门镇镇口村南的牛背脊山麓。

鸦片战争博物馆

18世纪中叶，为了攫取暴利，西方的殖民者竟然将一种杀人不见血的麻醉性毒品——鸦片大量倾销中国。短短几十年，鸦片烟土蔓延神州，直接危及中华民族的生死存亡。受命于危难之际的林则徐在两广总督邓廷桢、广东水师提督关天培等爱国官兵以及广东群众的支持下，以雷霆万钧之势收缴英美鸦片19187箱又2119袋，在虎门海滩组织人员用盐卤和石灰浸化之法当众销化，从1839年6月3日至25日，共销化鸦片237万多斤。

虎门销烟的伟大壮举，大长了中国人的志气，大灭了侵略者的气焰，充分显示了中国人民禁毒的决心和反抗外来侵略的坚强意志。

带你走进博物馆

广西壮族自治区博物馆

广西壮族自治区博物馆陈列大楼后面，是一块24000平方米的民族文物苑，现有"古代铜鼓陈列"和"广西民族民俗陈列"等基本陈列，并经常举办各类临时展览。馆藏文物有6万多件，是广西收藏文物珍品最多的博物馆，其中有新石器时代的大石铲，商代的铜卣，汉代造型精美、能清烟尘的铜凤灯和绘有神话故事的漆绘铜盆、漆绘铜筒以及1.1米高的大铜马。还有大量的民族文物，如铜鼓藏量为世界上收藏铜鼓最多的博物馆，达340多面，其中有一面云雷纹铜鼓，面径165厘米，被誉为世界铜鼓之王。民族文物苑作为民族民俗展览向室外的延伸和扩展，主要有壮楼、瑶族竹楼、苗族吊脚楼、侗族鼓楼、风雨桥、铜鼓、铜镇雕像等，建筑周围配以石林、水池、奇花名树、田园风光等，民居内陈列各少数民族的生产工具、生活用品以及民族工艺品，还有民间榨油、制陶、蜡染、造纸、酿酒等技艺表演。在壮族戏台上，每天都有原汁原味的少数民族歌舞表演。

撰稿：陶少艺

地址：广西南宁市民族大道34号
邮编：530022
电话：0771-2832285，2824411
交通指南：可从火车站、埌东汽车站乘坐6路、213路公共汽车到古城路口站下即到。

云雷纹大铜鼓

广西壮族自治区博物馆铜鼓陈列室展出一个特大的铜鼓，其面径165厘米，残高67.5厘米，重约300公斤。全世界现存铜鼓，体积没有哪一个可以同它相比，无愧为"铜鼓王"。

"铜鼓王"原存北流县的水桶庵。其制作年代为西汉。它不但体形庞大，花纹也很精细。鼓面中心有八道光芒太阳纹，外围用突起的同心圆弦纹分成五道晕圈，密而窄，也全饰以云纹和雷纹。密布的云雷纹给人以玄妙莫测之感，更增加了这种重器的神秘色彩。

铜鼓是一种神秘的器物，在我国西南和东南亚许多国家和地区已流传2700多年。广西是古代生产和使用铜鼓的重要中心地区之一。广西东南部和广东西南部的云开大山区自汉晋以来便以出产形体硕大的铜鼓著称。它曾经被不少部族或地方首领视为权力和财富的象征。常用来召集部众，指挥军阵。拥有铜鼓的多寡，往往意味着权力的大小和地位的高低；也被当做过通神的法器，但更多时候作为乐器出现于喜庆的年节中。

撰稿：邱 明

海南省民族博物馆

海南省民族博物馆是一座以考古挖掘、征集、收藏、研究和陈列展览海南民族文物为主,研究海南岛历史和黎、苗、回等民族的传统文化为宗旨的综合性博物馆。馆内设有"海南历史文物展"、"革命文物展"、"黎族文物展"、"苗族文物展"、"回族文物展"等六个基本陈列厅和两个临时展厅(专题展厅)。陈列通过实物、文字、图片等介绍海南的历史和黎、苗、回等民族的族源、从业、社会生活、文化习俗,展示民族优秀的传统文化。展览融知识性、科学性、艺术性和趣味性为一体,成为国内外宾客和博物馆同行了解海南历史和各少数民族的一个重要窗口。

地址:海南省五指山市海榆北路
邮编:572200
电话:0898-86622336

崖州龙被

崖州龙被是黎族棉纺织品（黎锦）中的一个品种，黎族称之为龙被或大被，史书上称之为崖州龙被或崖州被，是黎族宗教用品和民间精美的艺术品。黎族在举行重大的宗教仪式时要挂龙被，丧葬时用龙被盖棺材，带有浓厚的宗教色彩。

龙被以其制作精美、色彩艳丽、图案新颖、款式多样而闻名于世，为历代统治者所青睐，成为朝廷的贡品并畅销京师和内地，崖州被之名由此而来。

龙被是黎族织锦文化的一个重要组成部分，具有丰富的文化蕴涵，不同时期的龙被图案真实地记录了不同时期的黎族社会生活和反映不同时期的宗教观念以及织锦技艺水平，这对研究黎族传统文化和海南岛社会发展提供了宝贵的实物资料。

撰稿：罗文雄

摄影：罗文雄　陈雄冲

重庆中国三峡博物馆

重庆中国三峡博物馆是保护、研究、展示重庆和三峡地区历史文化遗产与人类环境物证的公益性文化教育机构,是弘扬和培养民族精神的重要文化基础设施。

重庆中国三峡博物馆陈列展览体系由"远古巴渝"、"重庆·城市之路"、"抗战岁月"、"壮丽三峡"四个历史类基本陈列,"历代瓷器"、"历代名家书画"、"汉代雕塑艺术"、"历代钱币"、"西南民族风情"、"李初

梨捐献文物展"六个专题类陈列，一个观众实践中心以及三个临时展厅，一个"大三峡全周电影播放厅"构成。

重庆中国三峡博物馆作为21世纪重庆的标志性建筑，是一颗镶嵌在山水园林的山城重庆心脏的璀璨明珠。

地址：重庆渝中区人民路236号
邮编：400013
电话：023-63501268

乌扬阙

在重庆中国三峡博物馆陈列大厅中厅显著的位置上，陈列着一尊造型舒展，文饰精美、极富特色的汉代石阙——乌扬阙。

2001年夏天，重庆文物考古所在重庆忠县乌扬镇，发掘出土了汉阙的14件主要构件。事后对此阙进行了复原，并以发掘的地点将此阙定名为乌扬阙。复原后的乌扬阙，为重檐庑殿顶双子母阙，主阙通高5.4米，子阙高2.6米。阙体上雕刻丰富，反映生活画卷的狩猎图、习武图、雄鹰叼羊图、蛇衔鼠图等，生动再现了当时的生产、生活场景。夸张的铺首、角神、朱雀，长达两米多的巨幅青龙、白虎雕刻，是流行的信仰、民间传说的形象表现。这些雕刻充满想象，造型生动，展现了汉代艺术的神韵。乌扬阙从造型到细部，忠实地模仿了木结构的形状和构造，对无一幸存的汉代木结构建筑的研究具有非常重要的价值。

乌扬阙，是三峡地区发现的仅有的三座汉阙中，保存最为完整，雕刻最为精美的一座，有着重大的历史价值和地域特色。

重庆大足石刻艺术博物馆

重庆大足石刻艺术博物馆前身为大足县文物管理所，成立于1952年。1984年成立大足石刻艺术博物馆，1990年更名为重庆大足石刻艺术博物馆。

大足石刻是重庆大足县境内所有石窟造像的总称，现公布为各级文物保护单位的摩崖造像多达75处，雕像5万余尊，碑刻10万余字。造像始建于初唐，盛于两宋，是中国石窟史上的最后一座丰碑。它以鲜明的民族化、世俗化、生活化、艺术化特色，成为具有中国风格的石窟艺术典范。1999年，大足石刻作为文化遗产被列入《世界遗产名录》。

地址：重庆市大足县龙岗镇北山路7号
邮编：402360
电话：023-43722268 43734666
E-mail:dazurock@sina.com
交通指南：从重庆出发，在菜园坝或陈家坪汽车站乘车，每30分钟发车一次，至大足约需2小时；从成都出发，在荷花池乘车，至大足约需4小时；从成都、重庆乘火车，到大足（邮亭）火车站下车后，转乘汽车至大足（火车站距大足32公里）。

北山石窟

北山石窟开凿于唐末，至南宋绍兴年间，方具现存规模。

北山石窟造像历经五代、两宋，分布于北山半月形山湾，龛窟密如蜂房，分为南、北两段，通编为290号。北山晚唐造像端庄丰满，气质浑厚，具有盛唐遗风，五代造像为数众多，呈现出小巧玲珑，体态多变，神情潇洒，纹饰渐趋繁丽的过渡风格。宋代造像题材广泛，尤以观音最为突出。观音造像具有个性鲜明，体态优美，比例匀称，穿戴艳丽等特点，被誉为"中国观音造像陈列馆"。其中"日月观音"像对面部的细腻刻画，达到了出神入化、炉火纯青的境地。

撰稿：唐毅烈

摄影：张文刚

四川省博物馆新馆

四川省博物馆

四川省博物馆作为开启民智、传承文明的一个窗口，也是人们接受终身教育、获得美育的场所，面向观众展示自己的藏品是博物馆义不容辞的责任，四川省博物馆建馆以来先后举办了一系列的陈列展览，重大的展览有："四川省历史文物陈列"、"四川省革命文物陈列"、"古代巴蜀青铜器陈列"、"四川汉代陶、石艺术陈列"、"四川民族文物精品展"、"巴蜀寻根——四川考古事业50年成就展"等，其中"四川民族文物精品展"被国家文物局评为"1998年全国十大精品陈列提名奖"，"巴蜀寻根——四川考古事业50年成就展"被国家文物局评为"1999年全国十大精品陈列"，这些展览都得到了专家、学者和观众的高度赞扬。

目前，四川省博物馆新馆正在建设中，新馆馆址位于城西浣花溪风景区和文化区，预计2006年底正式对外开放。届时，四川省博物馆将以丰富的陈列、精美的文物和热情的服务，迎接广大观众。

地址：四川成都市人民南路四段3号
邮编：610072
电话：028-87336907
交通指南：47、19、309、17、35、82、84、301、513、503等路公交车。

兽面象首纹铜罍

铜罍是古人用来盛酒的器皿，多用于祭祀，是商代晚期至春秋中期古人在祈祷上天赐予人类风调雨顺、五谷丰登，祈祷战争能百战百胜或拜祭祖先等祭祀活动中的重要的礼器之一。

1980年出土于四川省彭县竹瓦街的西周时期兽面象首纹铜罍，现藏于四川省博物馆，因为它造型大方，铸造精美，具有极高的历史、艺术价值，堪称四川省博物馆的"镇馆之宝"。铜罍器身的肩部、腹部之间装饰有两个立体的长鼻象头耳（耳，即把手），两耳之间和一面腹下各铸一立体象首。自颈部至圈足，由四道高耸的扉棱将器体分为四等份，其间分别铸四组相同的纹饰。每组纹饰分上、中、下三段，肩上中间为一蟠龙，两边间以夔纹（夔为一种变形的小龙）；腹部为浓眉大眼的夔龙，张口蜷身，独足四趾；腹下饰牛纹一周。三段皆以云雷纹为地。盖部顶端装饰有四道与器体相对应的鸟形扉棱，扉棱之间装饰有蜷身夔龙，以扉棱为鼻，云雷纹为地。这件铜罍的造型和纹饰，以浮雕和圆雕的手法突出主纹和装饰器物的某些特殊部位，对称布置，构成瑰丽繁缛的图案，颇具特色。整个铜罍通体碧绿晶莹，似有古玉的光泽，是西周时期青铜器中难得的精品。

撰稿：李青平　张丽华
摄影：陈振戈　傅扬

四川广汉三星堆博物馆

三星堆遗址是中国西南地区一处分布范围最大、延续时间最长、文化内涵最为丰富的古城、古国、古蜀文化遗址,年代上起新石器时代晚期,下至商末周初,上下延续近2000年。遗址最早发现于1929年,1986年在遗址南部发现了两个大型祭祀坑,出土了青铜器、玉石器、金器以及陶器、骨器等数千件极具古蜀地方特色的珍贵文物。三星堆文物填补了中华文化演进序列中一些重要文物的缺环,在中国浩如烟海蔚为壮观的文物群体中,属最具历史、科学、文化、艺术价值和最富观赏性的文物群体之一。"古城古国古蜀文化陈列"为博物馆基本陈列。

地址:四川省广汉市南兴镇
邮编:618307
电话:0838-5500349 5510004
网址:http://www.sxd.cn
交通指南:广汉汽车总站乘6路公交车直达博物馆。

青铜大立人像

青铜大立人像于 1986 年 8 月由四川省文物考古研究所考古工作队发掘出土于三星堆遗址二号祭祀坑，是三星堆文物中最具代表性的文物之一。

据专家推测，青铜立人像代表的极有可能就是古蜀王国统治集团的最高统治者，是集神、巫、王于一身的最具权威性的领袖人物。作为神，他在神庙里接受人们的顶礼膜拜；作为大巫师，他率领人们演阵作法，祭祀天地；作为国王，他身穿龙袍在高高的王座上号令四方。

青铜立人像和三星堆出土的其他全身人像、人头像、人面具一起组成了最具特色的三星堆青铜偶像群。它们形象地折射出古蜀国"政教合一"，神权色彩极重的政治体制和社会形态，生动地反映了古蜀先民的泛神观念和原始宗教意识。三星堆青铜偶像群，在我国古代同时期及其前后时期的文物中，是独一无二的。它填补了中华文化演进序列中一些重要文物的缺环，对于全方位认识中华文明的历史具有重要意义。

撰稿：刘 亮 罗晓红

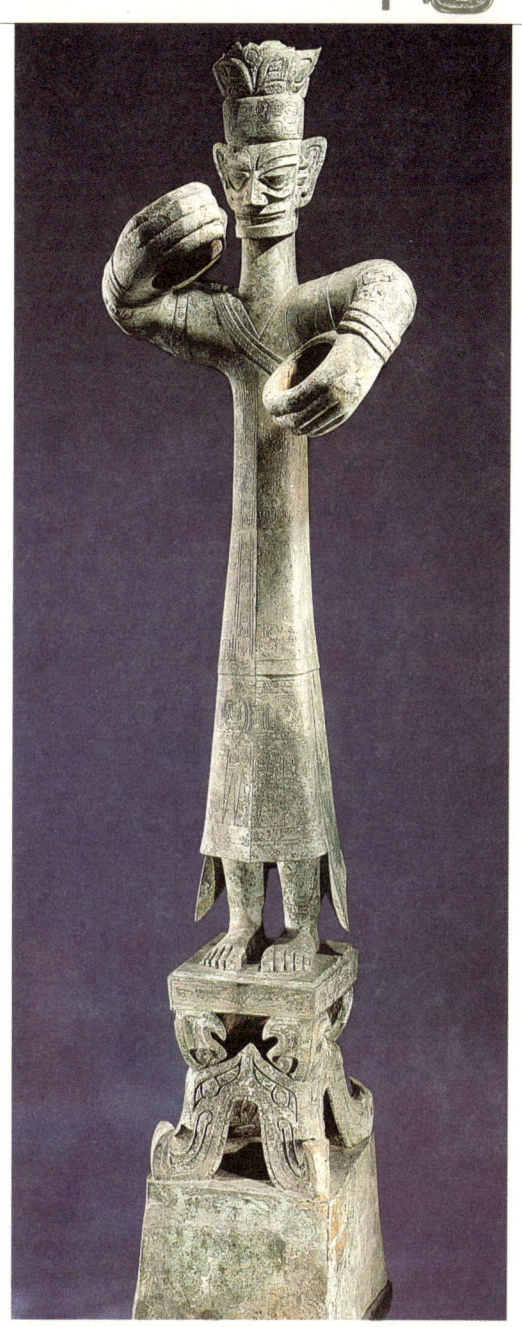

自贡恐龙博物馆

素有"东方龙宫"之美誉的自贡恐龙博物馆,是当今世界上收藏和展示侏罗纪中期恐龙化石标本最丰富的博物馆,同时也是世界三大恐龙遗址博物馆之一。

自贡恐龙博物馆基本陈列为"恐龙世界"。走进这聚宝藏珍的瑰丽龙宫,我们可以饱览完整度极高的恐龙骨架标本,宏大壮观的化石埋藏遗址现场和众多精美的恐龙头、恐龙皮肤等化石珍品,以及恐龙时代的动植物奇观等陈列展示。同时还可以欣赏造型别致的博物馆建筑和独具特色的园林景观,并且享受与龙互动的娱乐项目带来的无穷乐趣……

自贡恐龙博物馆是"中国旅游胜地四十佳",首批"国家地质公园"。自贡恐龙魅力无穷,多次赴国内外展出,其足迹遍布全中国和世界各大洲,深受中外观众特别是青少年的喜爱。

地址:四川省自贡市大安区大山铺镇238号
邮编:643013
电话:0813-5801235
网址:http://www.zdm.cn
交通指南:市内乘坐35、3、15路及驶向大山铺以远的郊线公交车即可到达。

太白华阳龙

四川省自贡市东北郊的大山铺恐龙动物群埋藏遗址以恐龙化石的埋藏数量大、种类多、保存好、埋藏集中而著称于世，被誉为"恐龙群窟，世界奇观"。特别是这里发掘出的恐龙化石填补了世界上侏罗纪中期恐龙化石缺乏的空白而具有重要的学术价值与研究价值。

在这些价值连城的标本中，生存时代最早、最原始，保存最完整的剑龙——太白华阳龙格外珍贵，堪称"镇馆之宝"。

太白华阳龙，名称雅致颇有意蕴。"华阳"为四川的古称。因为成于公元256~420年的一本古四川地方志叫做《华阳国志》，所以四川古称"华阳"。"太白"为唐代大诗人李白的号称。李白，号太白，久居四川。研究者为纪念李白，特将在四川省自贡市大山铺发掘出的这一剑龙命名为"太白华阳龙"。

太白华阳龙生活在1.6亿年前，是湖滨河畔丛林中的"居民"，以低矮的植物嫩枝嫩叶为食物。

剑龙区别于其他恐龙最显著的标志是在它们的颈部、背部和尾部的背脊上都长有骨质剑板。太白华阳龙的剑板形状多样，颈部的为圆桃形，背部和尾部呈矛状。尾端还有两对长矛状的尾刺。剑板和尾刺左右双双对称排列。

犬状齿的存在和剑板的对称排列反映出太白华阳龙的原始性。综合头骨、骨盆、四肢和剑板等几个方面对太白华阳龙和其他剑龙进行比较研究后认为，太白华阳龙是世界上迄今发现的最原始的剑龙种类，它的发现为剑龙起源于亚洲东部提供了实证。并且认为我国是剑龙类恐龙的发祥地，世界各地后期的剑龙都是由太白华阳龙这类原始剑龙进化发展而来的。

太白华阳龙标本将载入世界恐龙研究的史册。

撰稿：曹培元
摄影：余 刚

贵州省博物馆

1953年1月人民科学馆改组为贵州省博物馆筹备委员会，其业务包括自然科学和社会科学两个领域。1958年新馆建成，5月1日推出"贵州矿产资源展览"、"贵州少数民族美术工艺展览"、"贵州出土文物展览"、"历代书画"专题陈列正式对外开放，宣告贵州省博物馆诞生。

1959年以来，主要基本陈列有："贵州自然资源展览"、"贵州民族文物展览"、"红军长征在贵州图片实物展览"、"太平天国时期贵州各族农民起义展览"、"贵州野生动物展览"、"贵州革命烈士生平事迹展览"、"姚华书画展览"、"贵州碑拓片展览"、"贵州民族风情展览"、"可爱的贵州展览"、"贵州铜鼓文化展览"、"贵州石文化展览"、"贵州苗族服饰展览"、"贵州明清文物展"、"贵州馆藏书画展览"等。

地址：贵州省贵阳市北京路168号
邮编：550004
电话：0851-6822232（总机）
　　　0851-6822236（总机）转各部室
交通指南：1、2、10、12、14、25、30路公交车。

鹭鸟纹彩色蜡染褶裙

1987年,贵州考古工作者调查省内岩洞葬、悬棺葬、岩葬分布情况,在平坝县下坝棺材洞发掘清理并经测绘编号现存棺木567具,分甲、乙、丙、丁四区,陈放形式以叠置为主,多者达十余层。丁区清理了五棺,随葬器物共92件,包括纺织品41件,竹木草制品13件。陶瓷器36件,其中,仿铜鼓鹭鸟纹彩色蜡染衣、裙以及铜错刀、竹管口琴是首次发现。

鹭鸟纹彩色蜡染褶裙1件,宋代。此裙工艺包括有填彩、挑花和刺绣蜡染。考古专家认为,这件鹭鸟彩色蜡染褶裙,其特点是挑花、刺绣、蜡染三结合,图案模取早期铜鼓纹样及漆器纹样,融欢快、严谨、热烈、大方于一体,实为省内罕见蜡染佳作之一,对于研究地方蜡染史和彩色蜡染源流有重要作用。

撰稿:戴亚雄

遵义会议纪念馆

遵义会议纪念馆是1955年1月建立起来的以遵义会议会址为依托的纪念性博物馆，纪念点有遵义会议会址、遵义会议期间毛泽东、张闻天、王稼祥住居、红军总政治部旧址等五个。遵义会议会址等纪念建筑内复原布置了遵义会议会议室，毛泽东住室、周恩来住室、朱德住室等；遵义会议陈列馆布置了遵义会议、四渡赤水等红军长征的重大史迹。

地址：贵州省遵义市子尹路96号
邮编：563000
电话：0852-8222052（办公室）
　　　0852-8222785（宣教部）

0852-8257419（传真）

网址：http://www.zyhyhz.com.cn

交通指南：遵义市地处成昆铁路线上，有连接贵阳市和重庆市的高等级公路。遵义市火车站及汽车站有1路汽车和出租车至遵义会议纪念馆。

遵义会议会议室挂钟

遵义会议会议室挂钟是遵义会议纪念馆的馆藏一级文物。其成为革命文物的年代为1935年1月中共中央政治局扩大会议即遵义会议召开期间。此挂钟是一架20世纪30年代出产的自鸣木壳机械摆钟，时间刻度为罗马数字。

此挂钟是遵义会议重大历史事件的见证物。中央红军长征到达遵义后，1月15~17日中央政治局扩大会议即遵义会议在国民党黔军师长柏辉章官邸召开，召开会议的房间系柏家二楼会客室，室内挂有此钟，还有桌椅等器物。

遵义会议是中国共产党历史上生死攸关的转折点，由于确立了毛泽东在党和红军中的领导地位，红军从此由被动转为主动，从挫折走向胜利。

撰稿：关黔新

摄影：黄文军

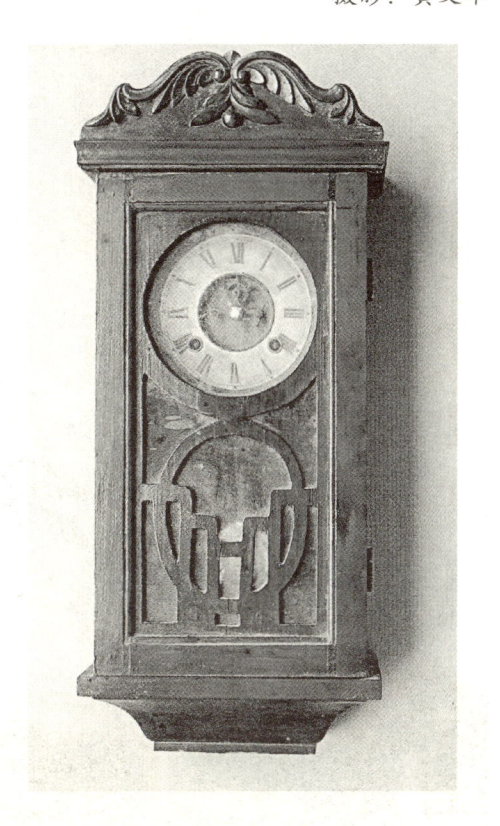

云南省博物馆

　　云南省博物馆是一座综合性的博物馆，创建于1951年。五十余年来，云南省博物馆经过多年的考古发掘、调查征集、社会收购和接收捐赠的青铜器、古钱币、陶瓷器、古书画、碑帖、邮票及各类工艺品已达15万多件，是云南省收藏文物最多的博物馆，在数以千计的珍贵文物中，被认定为国家一级文物的约1000余件。

　　云南省博物馆现有固定陈列展览四个：

1."中国古代铜鼓展览"
2."云南古代佛教艺术展"
3."云南省博物馆馆藏瓷器珍赏"
4."担当书画精品展"

地址：昆明市五一路118号
邮编：650032
电话：0871-3611548
网址：http://www.ynbwg.cn
交通指南：乘5、10、26、52公交车艺术剧园下车，乘66、73、95、98路公交车国防路下车。

云南省博物馆

牛虎铜案

牛虎铜案是云南省博物馆收藏的一件国宝级的青铜器。此案为古代的祭器，它的造型既古朴庄重，又美观奇特。案的主体是一头神态憨厚的大牛，牛的四蹄为案足，前后蹄间有一横梁相连，牛背铸成椭圆形稍凹的案面，案的后面铸有一头猛虎扑于牛尾，虎的前爪紧紧地抓住牛的臀部。为使整件器物能保持重心的平衡，古代滇国的艺术工匠们特地在大牛的四蹄之间铸了一头安详可爱的小牛，从而使得这件青铜器的造型更加生动完美，充满了浓厚的生活气息。

而在中国青铜器中，牛虎铜案是一件绝无仅有的青铜杰作。

撰稿：田晓雯
摄影：邢 毅

带你走进博物馆

百馆百宝

西藏博物馆

西藏博物馆是西藏目前第一所具有现代化功能的省级综合性博物馆。

西藏博物馆自1999年10月开馆以来推出的"西藏历史文化"专题展，通过详实的文献及实物资料系统地介绍了西藏的史前文明、不可分割的历史、文化艺术及民风民俗。西藏博物馆作为西藏文化的传播窗口，担负着向社会真实地介绍西藏的历史及文化，同时又肩负着保护、学术研究和社会教育等诸多功能于一体，为了更好地服务大众，博物馆采用了现代化的科学技术手段来确保安全和实施管理以提供更为完善的服务，力求将西藏的文化呈现在大家的面前。

地址：西藏拉萨市罗布林卡路19号
邮编：850000
电话：0891-6812210

带你走进博物馆

金本巴瓶

活佛转世制度是藏传佛教中最为特殊，最为神奇的一种宗教制度。这个制度最初源于西藏佛教的一个宗教派别，即噶玛嘎举派。噶玛嘎举派的法王噶玛巴堆松钦莫过世时，对他的弟子暗示他将重生，而他的弟子也根据这些暗示找到了师父转世的灵童，蒙古汗王蒙哥汗赐予了他一项黑帽，自此活佛转世制度就诞生并确立了。清政府为了避免权力过于集中，决定改革藏传佛教的活佛转世制度，并在乾隆五十七年下谕旨设立金瓶掣签制度。同时颁赐了两个金本巴瓶，一个放在北京雍和宫，用来认定蒙古地区大呼图克图（内、外蒙古地区也信奉藏传佛教），一个在拉萨的大昭寺，用来认定西藏大喇嘛的转世灵童。

西藏博物馆所展示的这尊金本巴瓶就是当时供奉在拉萨大昭寺的那尊，所谓本巴是藏语瓶子的音译。与这个金瓶相配套的有五根象牙签。进行金瓶掣签时，将候选人的名字用满蒙汉藏四种文字分别写在象牙签上，然后将每根签用黄色布袋包好放入金瓶中，在大昭寺进行由驻藏大臣主持的规模宏大的颂经仪式，随后由高僧抽签，中签者为转世灵童。

金瓶掣签制度是清政府的一项重要的治藏措施，它不但规范了藏传佛教的宗教仪轨，稳定了西藏的社会秩序，还顺应了民心，受到了广大僧俗群众的欢迎。直到今天，这项制度还在藏传佛教的活佛转世中广泛采用。

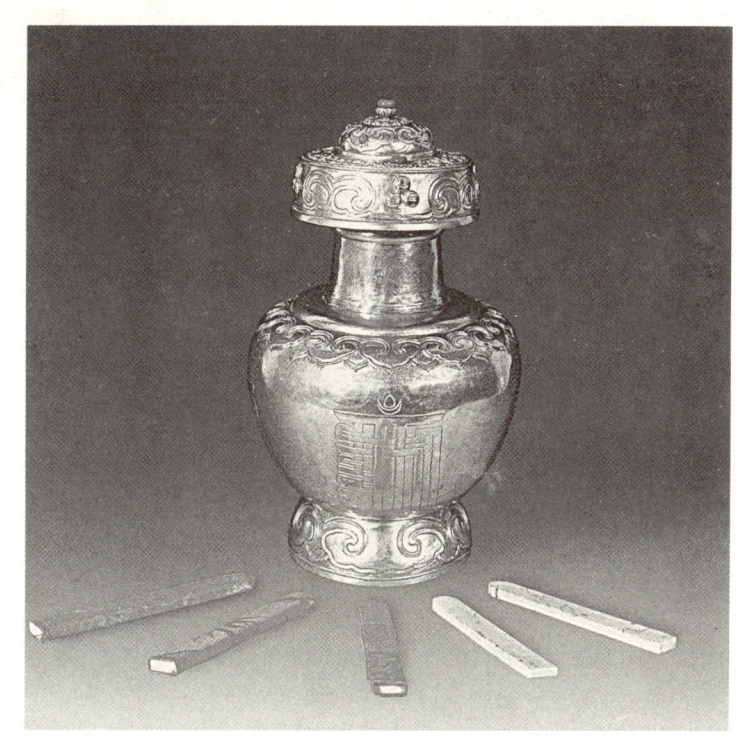

撰搞：索朗卓玛

百馆百宝

陕西历史博物馆

陕西历史博物馆是中国第一座大型的现代化博物馆，在中国博物馆建设史上具有里程碑式的意义。这座博物馆是遵照已故的周恩来总理生前的遗愿建造的，馆藏了出土于陕西的各类文物精品37万件，其中国宝级文物为18件（组）。

陕西历史博物馆的陈列由基本陈列、专题陈列、历史陈列三大部分构成。专题陈列目前分为两个单元即"古代铜镜展"和"民间征集文物展"；临时陈列没有局限在文物层面上，已成为活跃本市文化展览的窗口。基本陈列为"陕西古代史"，共分七个段落，系统地展示了陕西自远古的蓝田猿人至近代鸦片战争的发展过程，突出了周秦汉唐等封建社会的盛世和陕西在中国历史上的重要地位。

地址：西安市小寨东路91号
邮编：710061
电话：029-85264727
网址：http://www.sxhm.com
交通指南：乘5、24、610、28、401、521、527、27路等公交车都可到达。

牛首玛瑙杯

牛首玛瑙杯是1970年从西安市南郊何家村唐代窖藏出土的一件用五色缠丝玛瑙制成的酒器,是陕西历史博物馆18件(组)国宝之一,这件精美绝伦得令人赏心悦目的国宝重器,不仅美得令人震撼,更为重要的是她体现着丰富的文化内涵,是唐代玉器中最精彩的一件。

我国自原始社会就已开始使用玛瑙,玛瑙大多作为小件饰品或串饰。国产的玛瑙多为单色,又以红色常见,像玛瑙杯这样大件的玛瑙饰品实属罕见。这件玛瑙杯无论从选材、设计还是工艺,堪称是唐代玉雕的精品,这是迄今为止所见唐代唯一的一件俏色玉雕。因为从其质地和造型来看它明显地带有外来文化的痕迹。因此学者们推断这件玛瑙杯很可能是唐代与各国交往中获得的礼品。

撰稿:王 彬 步 雁

西安半坡博物馆

西安半坡博物馆坐落在西安东郊的浐河东岸，白鹿塬脚下，这里完整地保存着距今6700~5600年的原始社会母系氏族聚落遗址——半坡遗址。

半坡遗址于1953年春被发现，1958年4月，在考古发掘的基础上，建成了我国第一座史前遗址博物馆——西安半坡博物馆。

展览分为遗址、出土文物陈列和辅助陈列三个部分。

遗址部分是在一座3000多平方米的保护大厅内，这里就地保护了近2500平方米的原始村落遗迹，包括居住区、制陶区和墓葬区。里面有房屋遗迹、陶窑、窖穴、圈栏、大围沟，还有安葬小孩的瓮棺和成年人的墓葬等。

出土文物陈列主要展出半坡先民当时使用过的生产工具、生活用具和艺术品。包括各种石器和陶器，特别是最早利用重心原理的尖底瓶、最早利用蒸汽原理蒸煮食物的陶甑和最早的乐器之一陶埙等，体现了半坡先民的劳动智慧和创造发明。艺术品主要有半坡彩陶、原始雕塑和装饰品。其中，人面鱼纹图案，是半坡先民绘画的经典代表，它神秘难解，至今人们对它的含义有20多种猜测；此外，还能看到22种刻划符号，被认为是文字的萌芽。

馆内最大的辅助展览是"半坡母系氏族村"，这里复原和模拟有半坡先民生产生活的场景。

地址：西安市东郊半坡路155号
邮编：710038
电话：029-83512807
传真：029-83524707
网址：http://www.banpomuseum.com
交通指南：乘11、42、105（电车）、233、232、315、401、406、715、511路车，在半坡下车。

尖底瓶

尖底瓶是我国母系社会仰韶文化代表性的器物之一，它造型奇特而优美，其中包含了很多奥妙，因此格外引人关注。

尖底瓶是半坡人最常用的一种水器。作为水器，尖底瓶在实用方面，设计十分科学。因为它的口很小，在运送水的时候，水不容易颠洒出来；鼓起的大肚子，增大了水容量；尖底可以分散水对瓶底的压力，增强了瓶的坚固性；在两耳或瓶口系上绳子，瓶可背可提，使用起来方便省力。

更为奇特的是，一些尖底瓶在汲水时，由于水的浮力作用，瓶的重心上移，瓶身向水面自动倾倒，水注满后，瓶的重心下移，瓶身自动扶正，提出水面，水不倾洒。另外，还有一些尖底瓶，瓶身中空时，两耳穿绳提起，呈倾斜状态；放入水中，当水灌到一定程度时，重心即下移，瓶口露出水面，不再进水，提起呈垂直状，这时，如果人为地接着将瓶口按入水中，使水灌满，然后提起，瓶则倾斜，水就会倒洒出来。但是，不管注满水还是注不满水，尖底瓶这种特有的自动汲水现象，恰是物理学中重心原理和倾定中心法则的最早运用形式。

随着历史的推移，尖底瓶在后来很少再有了，根据研究，在春秋时期有一种叫"敧"的器物，可能与尖底瓶有关。据史书记载，敧器注水时，"中则正，满则覆，虚则敧"，其特性与尖底瓶极为相似。当时，孔子曾用敧器打比喻说，"岂有满而不覆者哉"，教诲他的学生为人处事不要骄傲自满，而要虚心稳重。那么，敧器到底和尖底瓶有什么样的联系，还有待继续探究和发现。

撰稿：张希玲

百馆百宝

西安碑林博物馆

西安碑林博物馆是在具有九百多年历史的"西安碑林"基础上,利用文庙古建筑群扩建而成的一座以收藏、研究和陈列历代碑石、墓志及石刻造像为主的专题性艺术博物馆。

西安碑林博物馆现有七个碑石陈列室,八个碑亭,一个石刻艺术室,六个墓志陈列廊和三个临时陈列室。现有馆藏文物1万多件,展出文物1000多件,国宝级文物19种(组)共134件,被誉为我国最大的碑石博物馆和最为丰富的书法艺术宝库。

地址:西安市三学街15号
邮编:710001
电话:029-87210764
网址:http://www.Beilin-museum.com
交通指南:由火车站乘14、213、309路到文艺路站下车或由火车站乘603、608路及旅游专线到南门站下车。

带你走进博物馆

唐《开成石经》

《开成石经》因刻于唐文宗开成二年（837年）而得名。《开成石经》共刻114石，每石两米多高，均两面刻字，总计228面，内容包括《周易》、《尚书》、《诗经》、《周礼》、《礼仪》、《礼记》、《春秋左传》、《公羊传》、《穀梁传》及《孝经》、《论语》、《尔雅》等十二部儒家经典，共计160卷，65万多字，被誉为最重、最大的一部图书，具有"石质图书馆"之称。

那么，古人为什么不惜花费巨大的代价将这么多的文字刻于石头之上呢？我们知道，上面所说的十二部经书都是封建时代知识分子的必读之书，在印刷术不很发达的唐代，阅读经书主要靠传抄，这样难免产生失误，为了有一个标准的版本，便有了开成二年的刊刻石经。

作为博大精深的民族文化财富，《开成石经》能够完整地保存到今天，凝聚了历代仁人志士的精诚奉献和不懈努力。今天，当我们面对刻满中国传统思想文化的《开成石经》，会在感受中国文化的厚重与深沉的同时，油然而升腾起一种神圣的责任感和使命感。

撰稿：张　云
摄影：罗小幸

延安革命纪念馆

延安革命纪念馆,位于延安城西北延河之滨的王家坪,是新中国成立后建立的第一个纪念馆,是纪念中共中央、老一辈革命家在延安领导中国革命光辉业绩的地方性、专业性纪念馆。现有"延安革命史"、"南泥湾大生产运动"、"西北革命斗争简史陈列"三个基本陈列,馆藏文物35000多件,图书13000余册,历史照片18000余张,资料卷百余册,同时管理着130余处革命遗址,现开放的有凤凰山、枣园、杨家岭、王家坪、南泥湾五个革命遗址群。1961年被国务院公布为首批全国重点文物保护单位;1996年,延安革命纪念馆被中共中央宣传部列为全国百家爱国主义教育示范基地之一。延安革命纪念馆以其特殊的历史地位享誉全国,被人们亲切地称为"中国革命圣地"、"民族的精神家园"。

地址:陕西省延安市王家坪
邮编:716000
电话:0911-2382461
交通指南:由火车站乘1、3路车直达纪念

馆，乘2路车下车过彩虹桥即到。

"实事求是"题词石刻

在延安革命纪念馆的展览大厅里，陈列着四块二尺见方的题词石刻，上面写着"实事求是"四个遒劲有力的大字，这是1943年毛泽东为中央党校的题词。

1943年，为了给学员创造更好的学习环境，活跃大家的文化生活，党校员工自己动手修建了一座可容纳两千多人的大礼堂。礼堂落成后，尽管建筑气势宏伟，美观、大方、坚固实用，但看起来总觉得缺少点什么。有人提议在正面挂个题词匾额。一说题词，大家自然想到学识渊博的范文澜老先生。范老接受这一请求后苦思冥想，怎么也想不出合适的一句话来，试着写了几条，连自己都不满意，于是提议去找毛泽东主席。

毛泽东欣然接受了党校同志的请求，叫人拿来四张二尺见方的麻纸，提笔沉思片刻，随即饱蘸浓墨，挥毫而就，瞬间"实事求是"四个雄健洒脱的大字跃然纸上。大家齐声称赞毛主席对马列主义研究的精深、透彻，一下就点到了实质。毛泽东说，实事，就是客观存在的一切事物；是，就是事物的内部联系；求，就是我们去研究。"实事求是"是毛泽东同志对辩证唯物主义和历史唯物主义的简要概括，它是毛泽东思想的精髓，也是延安精神的核心内容。

题词拿回来后，学校决定搞成石刻，嵌入礼堂正门上方，便立刻找来能工巧匠，选了四块方方正正的石料，将麻纸铺在方石上，分毫不差地刻了下来。字虽然刻好了，可遗憾的是主席的手迹却未能保留下来。因此，这四块石刻就是唯一的原物，成为一件珍贵的革命文物了。

甘肃省博物馆

甘肃省博物馆历史悠久，藏品极为丰富，珍藏历史、民族、近现代文物和自然标本14万件，以古代历史文物占大宗，其中"国宝"和国家一级品多达600余件，在国内名列前茅。闻名遐迩的原始彩陶，堪称中国、世界彩陶文化的艺术瑰宝，数量众多、极具科学价值的汉代竹木简牍和佛教艺术品构成了甘博历史文物藏品的三大特色；民族文物以九世班禅的墨宝和嘉木样四世的衣冠为精品；自然标本中黄河剑齿象、马门溪龙、犀牛、三趾马等，这些精品文物、古生物化石标本在中华文化宝藏中

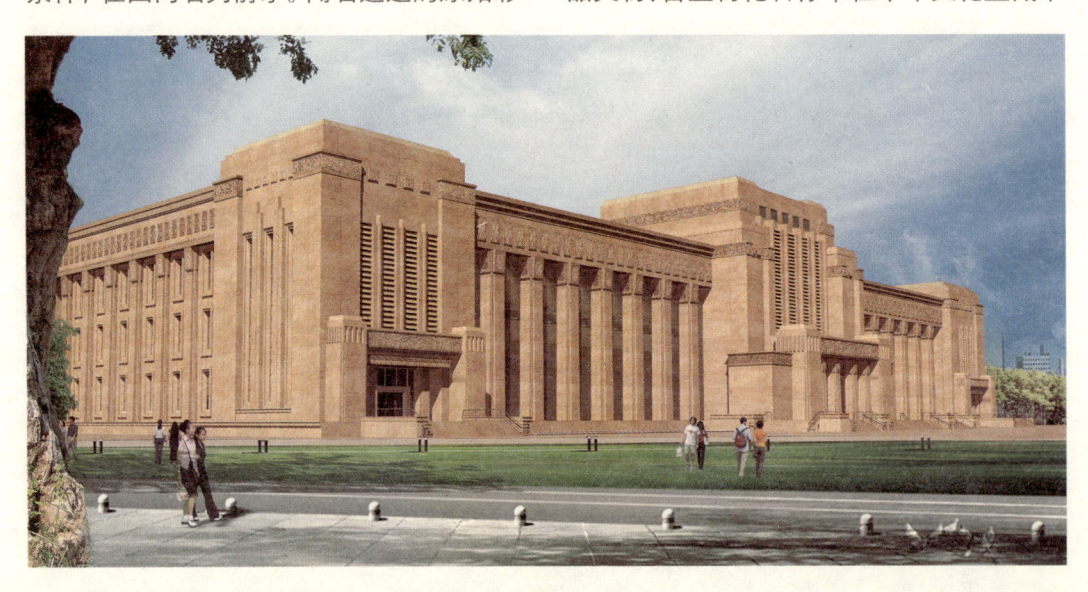

都占据重要地位。

地址：甘肃省兰州市七里河西津西路三号
邮编：730050
电话：0931-2325053
交通指南：兰州火车东站下车乘1、137路公交汽车或127小型面包车，至七里河桥、友谊宾馆站下车路南即到。

雷台珍宝——铜奔马

甘肃省博物馆藏有一件闻名中外被国家命名为中华人民共和国旅游标志的古代艺术珍品——铜奔马。

铜奔马昂首扬尾，作凌空奔驰状，剽悍雄健的身躯轻盈腾空，右后足奔踏于一只展翅飞翔的燕子身上，使得飞鸟惊愕回首。

铜奔马具有较高的历史、科学、艺术价值。它历史悠久，出自甘肃武威雷台汉墓，距今1800多年；它用青铜整体铸造，虽把全身的着力点集中于只有一厘米的一足之上，却完全符合力学重心平衡的原理；它造型奇特，超凡脱俗，以其独特的艺术魅力吸引着世人，展示出伟大中国古老的文化风采。

撰稿：于　萍
照片提供：俄　军　赵广田

敦煌研究院

敦煌石窟是由敦煌附近的莫高窟、榆林窟和西千佛洞等佛教石窟组成的，其中尤以莫高窟最为著名。据唐代碑文记载，莫高窟始建于公元366年，虽历经1600余年的历史变迁、人为破坏和风沙侵蚀，却依然保存有492个艺术洞窟、4.5万平方米的壁画和2000余身彩塑，是当之无愧的当今世界上保存最好、石窟数量最多的佛教艺术宝库。

敦煌研究院则是由国家设立的，负责敦煌石窟的保护、管理和研究工作的综合性学术机构。在其建院六十余年的风雨历程中，经历了三个大的阶段：一、20世纪40年代的敦煌艺术研究所时期。二、敦煌文物研究所时期。三、敦煌研究院时期。随着中国对外开放的深化，敦煌石窟也得到了越来越多的国际关注。1987年12月联合国教科文组织将莫高窟列入《世界遗产名录》。

地址：甘肃省敦煌市敦煌研究院
邮编：736200
电话：0937-8869060
网址：http://www.dha.ac.cn
交通指南：由敦煌火车站乘公交车至敦煌市转车至莫高窟。

涅槃礼赞
——敦煌莫高窟第158窟涅槃像

这是我国现存唐代大型彩塑中一件少有的传世之作，也是堪称莫高窟最为精美的一尊巨型佛像。它位于莫高窟南段最高处的158窟内，15.6米长，塑造于公元8世纪末的中唐。与中原内地的许多石窟不同，莫高窟的山体属于石质较为疏松的砾石，不适合进行石雕创作。因此莫高窟当年的艺术家们因地制宜，采用了一种新的技法，即先在岩石上雕刻出大佛的基本轮廓，接着在外部敷泥，塑出细部。这种新的方法，我们就形象地称之为"石胎泥塑"。

　　这尊佛像塑造的是佛教的创始人释迦牟尼。释迦牟尼是一个真实的历史人物，他原本是古印度迦毗罗卫国的一位王子。在他小的时候，有一次出城门，看到了王宫之外人世间"生、老、病、死"的种种痛苦，于是便萌发了要离家出走，寻求解脱人世间苦难的想法。最终经过多年的苦修，他终于悟道成佛，缔造了佛教。作为佛教的创始人，他的塑像在全国各地的佛教寺庙和石窟里几乎都能看到，可是为什么莫高窟的这身释迦牟尼佛是横卧在佛坛上呢？它又与那些端坐着的释迦牟尼像有什么不同呢？要回答这些问题，我们首先就需要了解一个佛教名词"涅槃"。涅槃是梵文的音译，它的意思是"灭"或"灭寂"，说得通俗一些就是死亡。释迦牟尼在公元前485年去世了，当时他的弟子们就用"涅槃"来予以解释，即佛陀的肉体灭亡了，可是他的精神却达到了一种不生不死、永不轮回、永远寂静的境界。而这一境界正是所有佛教徒们所追求的终极目标。158窟的这身塑像所表现的正是释迦牟尼涅槃时的情景，他双目紧闭，唇含笑意，丝毫看不出凡人死亡时的痛苦与悲哀，相反犹如欣慰、满意而入睡，整个形态深刻表达了"涅槃最乐"这一佛教最高境界。我们也就习惯上称这样的塑像为"涅槃佛"。

　　这身塑像在造型艺术上达到了很高的艺术境界。在构图上，由于塑像头部体积的巨大，势必给雕塑带来很大的困难，但效果却是在极其饱满与写实，对称和协调之中取得了高度传神的效果，充分体现了中华民族艺术宏大而深沉的境界。

青海省博物馆

青海省博物馆,承担着全省文物的征集、收藏保管、科学研究、陈列展览、宣传教育等工作。

青海省博物馆内设主侧展厅九个,展出面积9146平方米。是集展区、办公区、文物库房区为一体的具有现代化功能的大型博物馆。与正门前设计高雅大方的新宁广场相映成辉,共同构成了古城一道亮丽的风景线,是省会西宁最具特色的形象工程。

青海省博物馆推出了"青海史前文明展"、"青海民族文物展"和"藏传佛教艺术展"三个专题陈列。共展出不同历史时期的珍贵文物1100余件。以时代先后为序排列,集中反映了青海地区远古历史文化的概貌,同时也是青海省博物馆收藏特色的集中体现。

地址:青海省西宁市西关大街58号、新宁广场东侧
邮编:810001
电话:0971-6111164 6118691
交通指南:市内乘9、12、13、18、22、25、41、43、102、108等多路公交车均可到达。

青海省博物馆

舞蹈纹彩陶盆

我国是人类文明史上最早制作彩陶的国家之一,地处黄河上游的青海地区是出土彩陶最多的地区,素有"彩陶王国"的美誉。彩陶因此而成为这一地区远古文化的标志。彩陶数量之多、种类之繁、造型之美、工艺之精,无不令人叹为观止。千姿百态的陶质器物,既是先民们生产生活中的实用器具,又是丰富人们精神生活的工艺美术品,在中华文明的文化艺术宝库中占有重要的地位。

舞蹈彩纹彩陶盆1995年出土于青海省同德县,在青海出土的数以万计的新石器时代彩陶中,绘有舞蹈纹饰的仅有两件。此为其一,舞蹈人形象彩陶盆的出土,曾引起学术界的极大兴趣和五花八门的解释,应该说舞人形式与先民们的狩猎与丰收仪式、联盟联姻、葬礼等社会活动有必然的联系。总之,它是当时先民生活场景的再现,表达了人们对美好生活的向往和憧憬。

百馆百宝

宁夏回族自治区博物馆

在塞上名城银川市新华街和进宁南街的交会处，有一座引人瞩目的古建筑群，它就是始建于1050年至1055年的西夏著名的皇家寺院——承天寺，而今的宁夏回族自治区博物馆，便建在寺中。它是一个以教育、欣赏为目的，集收藏、保管、研究、陈列宁夏境内的文物为主的综合性博物馆。现藏有历史文物、近现代文物和民族文物3万件之多。其中，经鉴定的国家一级文物共149件。馆内现有的"西夏文物精品展"、"回族文物习俗展"、"贺兰山岩画展"、"宁夏党史陈列展"四个基本陈列，充分突出了宁

宁夏回族自治区博物馆

夏地方特色，展示了文化遗存，为更好地宣传宁夏、广泛吸引和接纳海内外游客，发挥了积极的作用。

地址：宁夏银川市兴庆区进宁南街76号（西塔院内）
邮编：750001
电话：0951-5054743
交通指南：2、17路、中巴2路可到。

鎏金铜牛

鎏金铜牛于1977年出土于宁夏银川西夏陵区。该文物由青铜铸造而成，中间是空心，外表通体鎏金。牛屈肢而卧，双眸远眺，四肢有力，肌肉突出，体态健壮，形象生动，表现出了西夏时期较高的铸造工艺。

西夏炼铜和铜器制造技术相当先进，冶炼的主要是青铜、黄铜。铜器的制造有打制和铸造两种。该铜牛造型逼真，比例匀称，线条流畅，制作时需要将冶炼、模具、雕塑、浇铸、抛光和鎏金等工艺集于一体，是西夏艺术品中的珍品，真实地反映出西夏青铜铸造工艺的高超水平，是西夏时期劳动人民的智慧结晶。在中国漫长的发展历史过程中，牛被人们赋予了深刻的文化内涵。它象征着我国劳动人民温顺善良、塌实勤劳、忍辱负重、默默奉献的伟大精神和崇高品德。

撰稿：陈永耘

带你走进博物馆

宁夏固原博物馆

宁夏固原博物馆作为固原悠久历史和博大区域文化的载体,馆内藏品以本区域考古发掘出土的各个历史时期的文物为主,数量近2万件,风格独特、精品荟萃,有国家一级文物123件(组),其中北魏漆棺画、北周鎏金银瓶和凸钉装饰玻璃碗为国之瑰宝,属国宝级文物。

宁夏固原博物馆的固定展区由陈列大楼、古墓馆、石刻馆、民族团结宝鼎等组成。陈列大楼内有九个展厅,一个序厅,陈列着"固原古代文明"、"丝绸之路在固原"两个固定展览。

"固原古代文明"囊括了新石器时代至明清各个历史时期的文物精品,既浓缩了文物精华,又体现了地方特色。

"丝绸之路在固原"时间上表现了北朝、

隋唐丝绸之路的畅通繁荣昌盛时期,空间上表现了固原作为丝绸之路故道重镇的重要性。

古墓馆,为了再现古人的埋葬环境,让人们身临其境地感受不同历史时期的丧葬习俗、墓葬形制,按照1∶1的比例,精心复原了在固原境内经过科学系统发掘的西周至宋元各时期代表性墓葬9座。

石刻馆,集中陈列着唐代至明清及近现代的各类石刻、石碑200多件。

民族团结宝鼎,器形源自固原古城出土的国家一级文物——"朝那铭文鼎",是宁夏固原博物馆敬邀宁夏回族自治区人民政府监制。

地址:宁夏固原市西城路133号
邮编:756000
电话:0954-2032653、2032751
E-mail:jjmgb505@sina.com

鎏金银瓶

本瓶时代为北周天和四年(569年)。

鎏金银瓶上的六个人物所反映的故事内容取材于古希腊神话传说,即希腊神话中著名的"帕里斯裁判"和"特洛伊战争"。

鎏金银瓶上的故事虽然来源于希腊,实际上表现了中世纪西方古典艺术对东方地区的渗透传播。在东西方的文化交流中,堪称艺术精品,通过驰名的丝绸之路流入我国境内,在固原市北周李贤墓中出土,无疑是波斯萨珊系列的金银器在我国的重大发现,其所表现出的希腊、罗马艺术风格特点,充分体现了希腊文化对世界文化所产生的影响。同时为证实中西丝绸之路的昌盛和文化交流的发达增添异彩,在东方艺术品中,这是一件独一无二的珍品,不啻为"丝路瑰宝"。

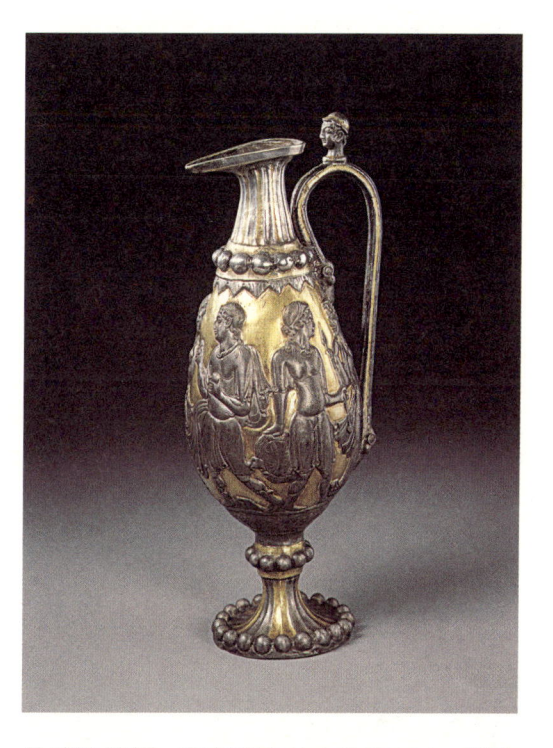

撰稿:马建军
摄影:程云霞

新疆维吾尔自治区博物馆

新疆维吾尔自治区博物馆1959年落成并正式对外开放。主要收藏历史文物、艺术品、革命文物、民族民俗文物、自然标本等。其中丝织品、毛织品、绢画、纸画、文书、铜器、金器、雕塑、木器和古代人体标本最具特色。这些文物在全国博物馆馆藏文物中具有鲜明的特点，不仅成为我国博物馆领域的一朵奇葩，而且在研究东西文化交流和正确阐述新疆历史、民族与宗教的演变进程方面具有重要价值。

目前，正在原址上建新馆，新馆计划一层为两个大型基本陈列，即"新疆历史文物陈列"、"新疆民族民俗展览"；二层为四个中型展览，即"新疆古尸陈列"、"新疆草原文化展览"、"新疆石窟壁画艺术展览"、"新疆革命文物史料展览"；两个小型展览为"新疆书画雕刻艺术展览"、"新疆自然化石展览"。

地址：乌鲁木齐市西北路132号
邮编：830000
电话：0991-4531561、4531998
交通指南：公交车51、906、52路可到。

彩绘天王踏鬼木俑

这件天王俑，制作于唐朝，高86厘米，1973年吐鲁番阿斯塔那206号墓出土。

人们俗称的"四大天王"在佛教里称作"护世四天王"，是佛国世界里的四大武装元

帅。在佛传故事中，佛国世界以须弥山为中心，四周围着大海。在须弥山的半山腰处有一山，叫犍陀罗。犍陀罗山四面又有四个高峰，是四大天王的居住地，由他们保护着四大洲。唐代之后，四大天王已汉化，他们不仅是东西南北四方的护国统率，而且变成了吉祥神，分别代表"风、调、雨、顺"。到唐代，创造出了更多形形色色的天王形象，身穿涂有各色的征衣铠甲，像一个唐代武将，气势威武。此俑设计应该说是别具匠心的，在墓葬里放置此俑，意为墓主人逐鬼避邪。此俑整个造型比例恰到好处，立体感强，具有唐代塑造艺术的魅力。

此件天王俑用三十多块大小不同的木料分段雕刻、粘接而成，以艳丽的色彩描绘，着色原料大多为矿物质。用科学的方法使木俑色彩经久不衰，至今仍保持着光彩的一面。俑塑的色彩明快，对比强烈，又富于变化，突出表现对象的形象和个性，并赋予其生命力，使之成为神态逼真、色泽鲜艳的艺术品。

新疆吐鲁番地区木雕的出现和流行，与新疆古代雕塑传统密切相关，从新疆地区史前考古资料来看，木器就已是墓中的葬具和随葬品之一。所以说木雕是新疆古代雕塑史中出现较早、流行地域广、延续时间长、水平较高的一种非常重要的雕塑门类。特别是

这件天王俑在新疆古代木雕制品中独树一帜，其制作之精，艺术水平之高，在中国雕塑史中也是十分罕见的珍品。

撰稿：殷福兰
摄影：胡湘利

香港文化博物馆

香港文化博物馆建馆于2000年12月16日，坐落在新界沙田新市镇，是香港规模最大的博物馆。

香港文化博物馆藏品超过7万件，内容包括历史、艺术及文化等领域，是一所综合性博物馆。在六个长期展览馆中，最具有香港本土文化特色的是粤剧文物馆及新界文物馆，其余有徐展堂中国艺术馆和赵少昂艺术馆、儿童探知馆和视听导赏厅。另外设有六个专题展览馆，不定期展出多元化的主题，目的是吸引参观者对中国及香港文化艺术的兴趣。为了鼓励青少年儿童走出课室，利用博物馆的丰富资源，进行自我学习，博物馆特别成立了"博物馆小先锋会"，目前已有5000多名小会员。大家一起发掘文物背后的有趣故事，一起学习香港多元的文化。

地址：香港新界沙田文林路1号
电话：852-2180-8188
网址：http://hk.herifage.museum
交通指南：火车（九广铁路，从沙田或大围火车站步行15分钟）
巴士（九龙塘地铁站出口，乘坐80M巴士）

粉红地织锦帔风

香港居民大部分是广东人，说的方言是粤语。粤剧又称为广东大戏，"睇大戏"曾经是香港人很流行的娱乐方式，有点像今天听演唱会一样。

目前，粤剧文物馆展出200多件粤剧文物，展品包括场刊单张、剧本提纲、名伶服饰、舞台用品、乐器及剧照等。

粤剧红伶吴君丽把她个人数十年来演出的粤剧物品，包括服饰、戏箱、道具、剧本、宣传刊物和照片等捐赠给博物馆，数量有3000多项，大大丰富了香港文化博物馆的粤剧藏品，是研究和展示香港粤剧发展的重要资料。

吴君丽的唱腔清脆明亮，擅长演青衣及刀马旦角色，著名的舞台代表作有《香罗塚》、《双仙拜月亭》及《白兔会》等。除了主演舞台粤剧，她还参与电影拍摄工作，1955年至1967年间，主演超过150部电影，大部分改编自她的舞台名作。

粤剧文物可说是香港文化博物馆的"镇馆之宝"，不但为博物馆界重视本土文化艺术遗产开了先河，亦为博物馆本身提升了国际地位。

图片说明——吴君丽十分注重服饰设计，以配合不同的角色和戏场。装饰有胶片或顾绣，手工十分精细。图中文物曾于《连城璧》中穿着演出，是一套以粉红色为主色的织锦帔风，分别有上衣、背心及裙三个部分。

撰搞：严吴婵霞
严瑞源

澳门博物馆

澳门博物馆于1998年4月18日落成。博物馆楼高三层，地底两层建于大炮台内。大炮台于17世纪初由耶稣会会士兴建。当时著名的圣保禄学院和圣保禄教堂（天主之母教堂）就建在大炮台附近，圣保禄学院被视为远东地区的第一所西式大学。

澳门博物馆内的展品蕴藏着深刻的历史意义和人们对美好生活的回忆。丰富的展品向参观者展现了数百年来居住在澳门的不同民族和平共处的生活状况和历史面貌。

博物馆的一楼展馆介绍澳门地区的起源，中西文化在16世纪葡萄牙人到达珠江三角洲前各自发展的历程，中葡人在澳门的贸易、宗教和文化等方面的接触及之后的数百年里逐渐形成的澳门文化。

博物馆的二楼展馆，参观者可接触到澳门的传统、民间艺术和现已式微甚至消失的行业或活动。展品还揭示了澳门历史的各个阶段和方方面面：娱乐、日常生活方式、宗教礼仪、庆典等，以此突显不同的文化和不同种族的人民在澳门长期相互包容、共存以及既丰富又独特的生活方式。

博物馆的三楼展馆展示当代澳门城市生活的特色以及对未来的展望。此外，还展出一些与澳门有着密切联系的作家及艺术家的作品。展览的最后部分向参观者介绍了澳门特别行政区的前景与机遇。

地址：澳门博物馆前地112号
电话：853-357911
传真：853-358503
网址：http://www.macaumuseum.gov.mo
电子邮箱：macmuseu@macau.ctm.net
开放时间：每日上午10时至下午6时（售票至下午5时30分止）
逢星期一休馆
票价：澳门币15元；
11岁以下儿童、60岁以上长者及学生澳门币8元；
5岁以下儿童、学校集体参观及每月的15

号免费参观；

公共机构团体票价优惠。

交通指南：2、3、3A、4、5、6、7、8A、10、10A、11、17、18、19、21、21A、26、26A、33路车可到。

粉彩描金"帕里斯的裁决"纹盘

中国的陶瓷，源远流长，在世界上享有盛誉。中国陶瓷的形制与纹饰，一直以中国传统形式为主。唐、五代之后，出现了波斯纹样的瓷器供外销；到了明清两代，随着与西方国家的交往日渐频繁，还出现了应西方国家的要求而生产和出口的瓷品。这些瓷品，或是形制或是纹饰，或是两者兼之，都带有西洋风格，以迎合西方国家尤其是欧洲国家的市场需求。我们常称这类瓷器为"出口瓷"或"外销瓷"。

绘以西洋纹饰的外销瓷，最初由葡萄牙商人通过澳门向中国内地订制。随后由于受到欧洲市场的欢迎，其他欧洲国家的商人受到启发，各式西洋风格的纹饰和设计陆续出现，18世纪时最为蓬勃。这些外销瓷上的西洋纹饰，有西洋人物、楼宇风景、花卉虫鸟，以及徽章等，其中更有以希腊故事和圣经故事为主题的纹饰。

图中的瓷盘纹饰是以希腊神话中一个著名的故事，"帕里斯的裁决"为题材。故事说特洛伊城帕拉姆王的儿子帕里斯将一个刻有"献给最美丽的女神"字样的金苹果送出，赫拉、阿佛洛狄忒（罗马名字为维纳斯和雅典娜）都想得到这个金苹果，于是赫拉答应给予帕里斯权力和财富，雅典娜答应给予他战争中的荣耀和声望，维纳斯答应给他最美丽的女子为妻子。帕里斯最终选了维纳斯的礼物，并把金苹果给了维纳斯，从而惹出了希腊与特洛伊之间长达十年的战争，即特洛伊战争。

纹饰中右边是雅典娜，中间接受金苹果的是维纳斯，左边是赫拉，她的圣鸟孔雀在她的身后。

撰稿：陈丽莲

摄影：何元成

中国古代生活博物馆

　　中国古代生活博物馆系高宝树先生创立于1991年，在中国台湾省是唯一取得当局政府及经济部之法定"文化专业馆"的民间机构。占地约2000平方米，分成博物馆及仓储展示馆两大部分。博物馆又区分成为"佛堂"、"正厅"、"书房"、"寝房"、"膳房"五大主题区，各主题馆皆以相关古董文物布置摆设，尽可能让古代生活与原貌重现，让年长的一辈借此缅怀与回忆，让年轻的一代从而揣想与了解我们祖先们当年的现实生活状况。

　　本馆之馆藏多元且丰富，以历史年代划分，始自战国时代至民国初年，上自御用珍品下至民间锅碗。易言之，是以古代生活为主轴，举凡食衣往行育乐，无所不包。盖生活是人类文明的轨迹，窗花门栏、砖雕、斗拱，激发思古之幽情；紫檀家具、黄花梨桌椅、复合坎木皮箱……，印证生活环境与居家用品；泥塑人像、木雕神尊、铜铁与玉石观音……，缅怀民风信仰，凡此种种最能让人感动深刻，犹如穿越时光隧道而追随先人之道统。在中国古代生活博物馆的开展中,已经树立了中华文化的传承与再生的中心思想，并在推广慈善公益活动上不遗余力，尽管时代变迁，西风东渐，仍旧孜孜不倦，坚定以文化来完成回馈社会与教育社会之功德责任。

　　更盼能广邀祖国各界精英，开办多元文化活动，期待成为绵延五千年历史氛围的台湾省之文化特区，展现传统文化再生的无限魅力与光芒。

中国古代生活博物馆

地址：台湾省桃园县龟山乡大湖路42号—9
电话：00886-912-112-112
　　　00886-912-113-113
E-mail：aclm.james@msa.hinet.net

唐彩绘天王神像

在唐朝古墓所出土的大量陪葬品，大致可分为两大种类：一类是带有宗教、神怪、迷信色彩的"明器"，如：保护神、当野、地龙、魌头等；另一类是反映当时现实社会生活的"明器"，如：人俑、家禽、动物及日用品等。

"镇墓天王"神像，即是极具代表性的"守护者"。它渊源于佛教艺术的"四大天王"或"四大金刚"，造型受到当时大量传入中国的西亚文化及印度佛教所影响。

此尊天王神像即是非常典型之作品之一，头戴凤盔，凤首绢长高挑，斜出两翅，凤尾半屏耸立，招祥避邪，象征着天王的神力。

天王神像，通常都有左右侧向成双登对，此尊遗憾落单独一，是以白色陶土加化妆土，彩绘而成。通高142厘米，高度极为罕见，除左手掌略作修理过，及凤颈曾断落黏合外，可谓极尽完整。纵观全貌；身材硕壮魁梧、眉毛浓厚、双眼瞪目、炯炯有神、鼻若悬胆、两孔喷张、愤势犹如、口阔紧蹙，五官表情庄严雄武，可谓不怒而威，令人望之既敬仰又生畏。

撰稿：高宝树

带你走进博物馆

责任印制：张道奇
责任编辑：贾东营

图书在版编目(CIP)数据

百馆百宝／毛佩琦，齐吉祥主编．－北京：文物出版社，2006.1

（带你走进博物馆）

ISBN 7-5010-1766-2

Ⅰ.百… Ⅱ.①毛…②齐… Ⅲ.博物馆－简介－中国 Ⅳ.G269.26

中国版本图书馆CIP数据核字（2005）第054546号

百 馆 百 宝

毛佩琦 齐吉祥 主编

文 物 出 版 社 出 版 发 行
（北京五四大街29号）
http://www.wenwu.com
E-mail:web@wenwu.com
北京文博利奥印刷有限公司制版
文物出版社印刷厂印刷
新 华 书 店 经 销
开本：1/24 印张：9
2006年1月第一版 2006年1月第一次印刷
ISBN 7-5010-1766-2/G·109 定价：28.00元